고전의 시작

• 사회과학 •

| **일러두기** |

1. 서울대학교가 선정한 100선의 사상고전 중에서 사회과학 고전 25편을 서울대 교수의 추천사와 함께 실었습니다.
2. 인명, 지명을 포함한 외래어는 일차적으로 국립국어원의 외래어 표기법을 따랐고 이차적으로 두산백과를 따랐습니다.
3. 책 제목은 겹화살괄호(《 》), 논문 · 영화 · 그림 제목 등은 홑화살괄호(〈 〉)를 사용했습니다.
4. 본문에 별색이나 큰따옴표(" ")로 표시된 원전의 직접 인용 부분은 저자가 독자들의 이해를 돕기 위해 수정 · 편집한 것입니다.

원문과 해제를 함께 읽는 내 인생 첫 고전 교과서

고전의 시작

사회과학

황광우 · 홍승기 지음

생각학교

• 전국의 현장 교사들이 보내온 추천사 •

먼저 살아온 사람들이 남긴 삶의 뿌리가 고스란히 담겨 있는 고전. 그 뿌리에는 힘이 있다. 오늘의 세상을 바라보는 힘, 곧 세상을 바꾸는 힘이다. 《고전의 시작》은 고전을 공부하는 사람들에게 좋은 길잡이가 되어줄 책이다. 이 책을 통해 선생님과 아이들이 함께 그 뿌리를 캘 수 있기를 희망한다.

—조장희, 서울 신일중 국어교사

고등학교 선택 교과목에 '고전'이 신설되었다. 인문, 사회, 과학, 예술, 문학 등의 다양한 동서양 고전 읽기를 주요 학습 목표로 제시한다. 그런데 교육 현장에서 가르치고 배워야 하는 교사와 학생은 고전 읽기가 녹록지 않다. 마침 《고전의 시작》은 고전에 깊이 다가갈 수 있도록 주제별로 묶었다. 주제별 읽기를 통해 나와 타자, 더 나아가 세상에 대한 인식의 폭을 넓힐 수 있다.

—송영필, 대구 경북여고 국어교사

어둠 속에서 불빛을 보거나 동굴에서 태양 아래로 끌려나온 사람은 눈이 부셔서 이데아를 제대로 볼 수 없다고 플라톤은 말했다. 고전을 시작하는 학생과 안내자를 자처할 교사 역시 고전이 전해주는 지혜의 빛을 보기 위해서 준비가 필요하다. 매혹적인 서문과 차분한 해설로 우리가 맞이할 고전의 윤곽선을 보여준 이 책은 흥미로운 지적 여정에 눈뜨게 한다.

—왕지윤, 인천 경인여고 국어교사

학교 독서 프로그램에도 적합한 책이다. 간결하고 명쾌한 고전 설명은 학생과 교사에게 고전의 정수를 보여준다. 필요한 질문과 원문을 담은 '생각 플러스'는 동서양의 대비되는 작품들을 보여주면서 생각의 폭을 넓혀주고, 균형 있는 안목을 키워준다.

—오정훈, 제주여고 국어교사

학교에서 고전을 가르칠 때 고전(古典)은 그야말로 고전(苦戰)이다. 소크라테스의 산파술로 〈반지의 제왕〉을 이야기하고 싶지만, 아이들에게는 수면제처럼 느껴진다. 사실 교사는 전지전능하지 않다. 훌륭한 안내서에 목마른 것은 배우는 아이들만이 아니다. 그래서 《고전의 시작》은 가뭄의 단비와 같다. 이 책은 내게 삶을 두드리는 책, 고전(鼓典)이다.

– 안미진, 광주일고 국어교사

고전은 질문을 끊임없이 주고받는 열린 텍스트다. 교실에서 아이들과 고전 이야기를 나누다 보면, 생각을 더 깊은 곳으로 안내할 책의 필요성을 느낀다. 아이들과 《고전의 시작》을 읽으며, 우리의 삶과 마음을 파고드는 질문을 던져보려고 한다. 묻고 답하는 사이에 생각하는 힘이 쑥쑥 커지지 않을까.

– 류원정, 천안 오성고 국어교사

좋은 책이니 읽으라고 자신 있게 권하기 어려운 책이 '고전'이다. 동서양 사상가들의 주옥같은 말씀이 학생들에게 피가 되고 살이 될 것은 뻔한 일이나 좋은 약도 너무 쓰면 먹기 힘들다. 《고전의 시작》은 동서양 사상고전의 핵심을 두루 다루면서 풍부하고 쉽게 해설한 책이다. 청소년들이 교과서에서 이름만 들었던 고전을 만만하게 시작할 수 있다.

– 박혜경, 국립전통예술고 국어교사

지금은 스마트 시대. 세상과 세상 속 학교는 기계처럼 너무 깔끔하고 단순하게 돌아간다. 가끔은 이곳에서 사람과 삶의 공기를 맡고 싶다. 고전은 인류가 발견한 지혜의 나침반이다. 학생들과 함께 고전을 읽으며 사람의 냄새가 넘실대는, 물음과 깨달음이 가득한 교실을 꿈꾼다. 《고전의 시작》, 이 책으로 힘든 발걸음을 쉬이 떼본다.

– 양윤복, 부산 사직여고 국어교사

학교에서 고전을 가르치는 일은 가치 있지만 곤혹스럽기도 하다. 가르치는 교사가 고전을 제대로 배운 적 없고 배우는 학생들도 고전의 현실적 가치를 알기 어렵기 때문이다. 그래서 쉽게 고전 속으로 안내하는 《고전의 시작》은 교사와 학생의 필요에 걸맞은 책이다. 네 영역에 걸쳐 동서양 고전에 두루 다가갈 수 있도록 준비된 입문서다. 많은 분들이 이 책을 통해 고전의 세계로 들어가 불변하는 고귀한 가치를 찾을 수 있길 희망한다.

– 김남극, 강릉 제일고 국어교사

서문

고전을 읽어야 하는 세 가지 이유

"내가 만들고 싶은 나라는 군사력이 센 나라도 아니요, 경제력이 강한 나라도 아니다. 내가 만들고 싶은 나라는 오직 문화적 수준이 한없이 높은 나라다"라고 백범 김구 선생은 말했다. 지금으로부터 60여 년 전의 일이다. 해방은 되었으나 나라가 어디로 갈지 갈피를 잡지 못하고 헤매던 그 시기에 선생은 민족의 나아갈 길을 이렇게 설파했다.

나와 같은 오십대가 캠퍼스의 낭만을 누리던 1980년대. 젊은 시절 우리는 김구 선생의 '내가 만들고 싶은 나라'에 눈길을 보내지 않았다. 1980년대는 군사 독재의 총칼 밑에서 국민의 기본권이 심하게 짓밟히던 시절이었기 때문이다. 우리 젊은이들에겐 독재 정권을 몰아내고 민주주의를 쟁취하는 것이 급박한 과제였다.

30년의 세월이 흐른 2010년대. 지금 한국의 1인당 GDP는 3만 달러를 향해 나아가고 있다. 한국의 경제력은 세계 10위권에 걸쳐 있다. 자살률이 세계 최고를 기록하고 있고 남녀 차별 지수가 세계 꼴찌 그룹에 속하는 등 부끄러운 모습도 많다. 한 가정이 자동차 두 대를 보유하는 나라가 되었음에도 청년 실업은 심각하고 대학생들의 눈빛은 불안하다.

다시 30년의 세월이 흐른 2040년대, 우리는 오늘의 십대들에게 모든 권리를 넘겨주고 인생을 정리하고 있을 것이다. 30년 후 오늘의 십대들은 기성세대로부터 대한민국을 건네받고 자신들의 세계를 만들어가고 있을 것이다. 어떤 세상을 만들어나가고 있을까? 청소년들이 고전을 읽어야 하는 이유는 자신들의 미래와 긴밀한 관계가 있기 때문이다. 나는 세 가지를 생각한다.

첫째, 한국, 중국, 일본 세 나라를 중심으로 하는 동아시아 경제권이 세계 경제를 이끌고 있을 것이다. 19세기에는 영국이 세계 경제를 이끌었고, 20세기에는 미국이 세계 경제를 이끌었다. 21세기 중반에는 동아시아가 세계 경제를 주도할 것이다.

이 예측은 굳이 경제 전문가의 권위를 빌려 말할 필요도 없다. 간단하다. 2013년 현재 미국의 GDP가 17조 달러이고 중국의 GDP가 9조 달러다. 지금 중국의 1인당 GDP가 7000달러인데, 이 수치가 1만 달러를 넘어서는 데는 많은 시간을 필요로 하지 않는다. 조만간 한국, 중국, 일본 세 나라의 경제가 세계 경제를 주도할 것이라는 예측은 큰 무리가 아니다.

영국과 미국은 과학기술의 힘으로 세계를 이끌었다. 영국과 미국은 인류에게 가난을 극복하는 과학기술과 질병을 치료하는 의료기술을 주었으나 세계를 전쟁의 도가니에 빠뜨렸고, 약소국가들을 수탈했다는 비판으로부터 자유롭지 못하다. 동아시아가 세계사를 주도하는 시기가 온다면 동아시아의 지도자들은 영국과 미국의 지도자들과 뭔가 달라야 할 것이다.

한국, 중국, 일본 세 나라에는 오랜 역사가 있고, 그 역사 속에 깃든 시와 사상이 있다. 우리는《논어》와《도덕경》을 알아야 한다. 두보의 시를 읽어야 하고《맹자》와《장자》를 알아야 한다. 그래야 서양인을 만나 동아시아의 특성과 가치를 말할 수 있을 것이다.

동시에 서양의 인문 정신을 알아야 한다. 호메로스의《일리아스》와《오디세이아》를 논의할 줄 알아야 하고, 소크라테스와 플라톤의 철학에 대해 대화할 수 있어야 한다. 30년 후 동아시아 경제가 세계 경제를 주도하게 되어 있으니, 동아시아 청소년들이 미래에 대비해 세계인의 지성을 예비하는 것은 시대의 요청이다. 이것이 오늘의 청소년들이 고전을 공부해야 하는 첫째 이유다.

둘째, KTX가 시베리아를 횡단하여 달리고 있을 것이다. 동아시아 경제가 세계를 이끄는 것은 우리의 의지와 무관하나 KTX가 시베리아를 횡단하여 달리는 것은 남과 북의 정치적 지도력에 달려 있다. 아직은 남북의 통일이 요원한 과제이지만 우리 민족도 스스로의 힘으로 대승적 통합을 이루지 못하리란 법은 없다.

나는 남과 북이 통일되고 KTX가 시베리아를 횡단하는 그날을 어서 보고 싶다. 서울에서 KTX에 올라타 평양과 신의주를 지나고 만주의 지린을 거쳐 블라디보스토크로, 이르쿠츠크로 달리고 싶다. 끝없는 시베리아 숲을 헤치고 모스크바를 거쳐서 베를린을 지나 파리에 가고 싶다. 내친김에 런던까지 가자.

오늘의 청소년들은 지금부터 세계 시민의 교양을 쌓아야 한다. 베이징에 가면 중국인들과 두보의 시를 말할 수 있어야 하고, 모스크바에 가면 러시아인들과 톨스토이의 《전쟁과 평화》에 나오는 대화재(大火災)를 거론할 줄 알아야 하며, 파리에 가면 프랑스인들과 《레미제라블》의 하수도를 말할 수 있어야 한다. 런던에 가면 누굴 이야기할까? 그렇다. 뉴턴과 다윈을 말하고, 더하여 1850년대 영국의 현실을 담은 마르크스의 《자본론》을 말할 수 있다면 이 사람이야말로 세계 시민이 아니겠는가?

우리 청소년들이 차표 한 장을 손에 들고 시베리아로, 유럽으로 달려갈 수만 있다면, 유럽인들과 함께 철학과 문학을 논하면서 동아시아의 시와 사상을 전할 수 있다면, 나는 여한 없이 눈을 감겠다. 세계 시민의 교양을 쌓는 것, 이것이 청년들이 고전을 공부해야 하는 두 번째 이유다.

셋째, 한국 경제는 조만간 1인당 GDP 3만 달러를 돌파할 것이고 주 4일 노동제가 도입될 것이다. 필요로 하는 것이 가장 적은 사람이 가장 부유한 사람이라고 소크라테스는 말한 적이 있다. 소크라테스에게 보배는 한가로움이었다. 한국 사회가 주 4일 노동하는 사회로 진입할 경우 일하지 않는 주 3일을 어떻게 보낼 것인가?

한국이 선진국이 되려면 우리 모두가 성숙한 인간이 되어야 한다. 삶과 죽음에 관해 나름의 생각을 갖는 철학자가 되어야 한다. 유행하는 삶의 양식이나 주어진 쾌락에 머물지 않고, 자기 나름대로 행복의 원리를 찾아야 한다.

나는 인간의 행복한 삶은 인간 본성의 건강한 실현에서 나온다고 생각한다. 아리스토텔레스의 금언에 따르면 인간은 알고자 하는 본성을 지닌 존재다. 왜 공부하는가? 알고자 하는 본성 때문이다. 왜 책을 읽는가? 새로운 진리를 깨달을 때 인간은 최고의 순수한 기쁨을 누리기 때문이다. 독서는 삶의 방편이 아니라 삶의 목적, 즉 행복으로 가는 지름길이다.

지난날 공부는 생존하기 위한 삶의 방편이었다. 이제 이런 공부는 그만하자. 공부는 수단이 아니라 목적이다. 고전을 읽자. 고전의 지혜로 나의 영혼을 아름답게 가꾸자. 한국인 모두가 철학자가 되고 세계 시민의 교양을 갖추자. 한국이 선진국이 되는 길은 여기에 있다. 이것이 바로 우리가 고전을 읽어야 할 세 번째 이유다.

아이들에게 고전을 읽으라고 하기 전에 부모가 먼저 고전을 읽자. 학생에게 고전을 권유만 하지 말고 선생님이 먼저 고전을 읽자. 청소년에게 고전을 읽으라고 하기 전에 기성세대가 먼저 고전을 읽자.

"아는 것은 안다, 모르는 것은 모른다고 말하는 것, 이것이 아는 것"이라고 공자는 말했다. 21세기의 대한민국이 배워야 할 인물은 미국의 허친스 총장이다. 서른 살 젊은 나이에 시카고 대학교의 총장이 된 허친스는 자신은 법률에 관한 전문 지식은 갖고 있지만 교육에 관한 철학은 없다고 고백했다. 이후 대학 총장이 손수 대학생들과 함께 고전을 읽고 토론을 했다. '위대한 저서(great books) 읽기 운동'은 이렇게 허친스의 정직한 자기 고백에서 시작되었다.

고전 읽기의 필요성이 갖는 의미심장함에도 불구하고 한 권의 고전을 학생 혼자만의 힘으로 독파한다는 것은 쉬운 일이 아니다. 고전 그 자체가 난해한 까닭도 있으나 고전을 이해하기 위한 교양이 부족하기 때문이다. 따라서 학생이 고전을 공부하기 위해선 반드시 안내자가 필요하다. 그런데 고전을 안내해줄 선생님들도 채 준비되어 있지 않다는 척박한 현실이 우리를 안타깝게 한다.

서울대가 선정한 고전 100선을 해설한 《고전의 시작》은 이처럼 척박한 우리의 지적 현주소에서 나온 책이다. 누구나 고전 한두 권쯤은 읽었겠으나, 권위 있는 기관이 선정한 책 100권을 다 읽은 사람은 찾아보기 힘들다. 솔직히 고백하자면 홍승기와 나도 이번의 해설 작업을 하면서 처음 알게 된 책이 꽤 된다.

《고전의 시작》은 선생님들부터 읽어야 한다. 지난여름 밤을 새워가며 쓴 우리의 글을 읽다 보면 독자들은 인류의 지성이 쌓아올린 금자탑에 절로 고개를 숙이고, 문득 고전의 지혜로 무장하고 싶은 열정을 느낄 것이다. 이것이 바로 《고전의 시작》이 기대하는 바다.

"아침에 도를 들으면 저녁에 죽어도 좋으리."

2014년 11월
빛고을에서
황광우

목차

서문

사회과학 고전의 힘

신은 죽었다. 그러면 사회는 누가 설명해?

– 사회과학 고전을 읽는 이유

사회과학이란 무엇인가? 사회과학이란 한마디로 사회적 현상에 대해 다루는 학문이다. 사회과학은 근대에 들어서면서 유럽에서 생겨났다. 따라서 사회과학의 역사는 그리 길지 않다. 그렇지만 오늘날의 사회에서 사회과학의 여러 학설이 미치는 영향은 매우 크다. 사회과학의 여러 학설들이 제시한 방법론으로 사회를 바라보려 하기 때문이다.

근대 이전에도 사회는 있었다. 그리고 수많은 철학자들이 사회의 문제에 대해서 탐구했다. 그러나 그 탐구의 결과는 철학적이었지 사회과학적인 것이 아니었다. 사회 문제를 다루되 사회현상을 개별적 현상으로 독립시켜 다루지 않았기 때문이다. 예를 들어 '정치학'의 경우 정치학만을 따로 떼어내 탐구한 것이 아니라 우주 만물에서 인간까지 아우르는 거대한 구조 속에서 정치를 다루었다. 정치학은 독립된 학문이 아니라 철학의 하위 분야였다.

근대에 들어서면서 사회과학이 탄생한 이유가 무엇일까? 사회현상이 매우 복잡해지면서 개별적인 현상, 즉 정치, 경제, 사회, 문화 등에 대한 관심이 높아졌기 때문이다. 근대 이전에는 개별적 현상을 전체 속에서 파악하는 공통적 세계관이 있었다. 유럽의 중세를 예로 들어보자. 유럽의 중세를 지배한 것은 기독교적 세계관이었다. 세계가 하느님에 의해 창조되었으므로 하느님이 부여한 질서에 의해 세계가 움직인다고 생각했다. 따라서 사회적 문제는 하느님이 부여한 질서를 벗어난 일탈적 현상으로 간주되었다.

근대에 들어서면서 사정이 달라졌다. 중세를 지배하던 기독교적 세계관이 무너지면서 개인의 자유가 강조되기 시작했다. 국가가 교회의 지배에서 벗어나 자율성을 가지게 되었고, 자본주의의 출현이라는 경제적 변화가 일어났다. 사회적 현상이 복잡해졌고 그 현상들을 전체 속에서 설명할 수 있는 공통의 세계관은 존재하지 않게 되었다. 결국 신의 개념으로 설명되었던 중세와 달리 신이 죽은 근대에는 복잡한 사회적 현상을 설명해줄 새로운 방법론이 필요했던 것이다.

이런 배경에서 정치, 경제, 사회, 문화 등 개별적 사회현상을 떼어내 독립된 학문에서 다루는 사회과학이 나타났다. '과학'이란 용어가 붙은 이유는 자연과학의 발전에 영향을 받았기 때문이다. 자연현상을 다루는 학문이 발전하면서 자연과학은 엄밀한 학문으로 인정받게 되었다. 자연과학은 학문의 모범으로 간주되었다. 그러므로 사회현상을 다루는 학문 역시 자연과학처럼 엄밀한 과학성을 가져야 학문으로 인정받을 수 있었다.

사회과학은 근대 유럽에서 생겨난 학문이다. 그러나 제국주의 시대를 거치며 전 세계로 전파되었다. 우리나라에는 1876년 개항을 기점으로 유럽의 사회과학이 본격적으로 수입되기 시작했다. 1945년 해방 이후 우리나라는 유럽을 근대화의 모델로 삼았다. 이에 따라 유럽의 학문이 물밀 듯이 밀려 들어왔다. 오늘날에도 우리 사회의 현상을 설명하기 위해 유럽의 사회과학 이론이 사용되고 있다.

우리는 어떤 세계에 살고 있는가? 우리 사회에 나타나는 여러 가지 현상 혹은 문제들을 어떻게 이해할 수 있는가? 이 질문에 대한 답을 얻으려면 사회과학의 고전을 읽어야 한다. 사회과학자들이 제시하는 사회 탐구의 방법론을 이해함으로써 우리 사회를 이해하고 우리 사회의 미래를 전망하는 시각을 얻을 수 있을 것이다.

사회과학을 이해하는 다섯 가지 키워드

– 사회과학 고전을 읽는 방법

사회현상이 다양한 만큼 사회과학의 분야 또한 다양하다. 사회과학의 전 분야를 두루 섭렵하기는 쉽지 않다. 따라서 사회에 가장 영향력을 미치는 분야를 중심으로 사회과학의 고전을 읽을 수밖에 없다. 특히 다양한 분야에 영향력을 미쳤고 오늘날에도 여전히 영향력을 미치고 있는 고전은 반드시 읽어야 한다.

이 책은 가장 중요한 사회현상들과 관련한 고전을 다섯 가지 주제로 나누어 설명했다. 첫째 주제는 '자본의 시대'다. 오늘날 우리가 살고 있는 자본의 시대에는 체제의 문제가 제기된다. 자본주의가 발생한 이후 사회주의가 등장하여 대립했다. 20세기 말에 사회주의국가들이 대부분 몰락했지만 경제체제로서 자본주의에 대한 비판이 사라진 것은 아니다. 자본주의 발전에 따른 다양한 문제, 예를 들면 부익부 빈익빈 문제, 환경 문제 등에 대한 논란은 끊이지 않고 있다. 자본주의가 무엇인지에 대한 이해는 우리가 살고 있는 세계에 대한 이해다. 그리고 우리가 살고 있는 이 세계가 어디로 나아가고 있는지에 대한 기초적인 인식이기도 하다.

둘째 주제는 '정치와 이념'이다. 국가에 대한 관심은 이미 고대시대부터 존재해왔다. 이상적인 국가가 어떤 것인지에 대해 수많은 철학자들이 자신의 주장을 내세웠다. 그런데 근대 이전의 국가론은 지배자에 초점을 두었다. 즉 어떤 사람이 통치자가 되어야 이상적인 국가가 될지를 밝히고자 했다. 따라서 국민은 지배를 받는 대상 혹은 수동적 존재로 간주되었다. 그러나 근대에 들어서면서 국가론의 내용이 달라졌다. 국가가 어떻게 생겨났는지에 대한 탐구를 통해 국민의 합의에 의해 국가가 탄생했다는 이론이 제시되었다. 이와 아울러 민주주의, 자유주의, 민족주의 등 여러 가지 정치사상이 나타났다. 각 정치사상이 나타난 배경과 정치사상의 핵심 내용을 이해함으로써 우리는 세계 각국의 정치 시스템에 대한 이해는 물론 국제관계에 대한 시각 역시 가질 수 있을 것이다.

셋째 주제는 '법의 탄생'이다. 법이 존재하지 않는 사회를 생각하기 어렵다. 아주 작은 모임에도 회칙이 있듯이 국가에는 법이 있다. 법의 역사는 매우 오래되었다. 법의 역사는 인류가 집단을 이루어 살았던 역사와 병행한다. 고대의 함무라비 법전이 오늘날까지 전해져온다. 우리나라의 경우에도 《삼국유사(三國遺事)》에 고조선시대의 팔조금법이 기록되어 있다. 그러나 근대에 나타난 법은 고대의 법을 이어받으면서도 세계의 변화를 담았다. 또한 법은 어떤 배경에서 생겨났는지를 탐구함으로써 법사상이 출현했다. 간명해 보이는 법조문 하나하나에도 법사상이 담겨 있다. 따라서 각 법사상의 출현 배경과 내용을 이해함으로써 우리는 오늘날 우리 사회의 법이 어떤 사상을 담고 있는지를 이해할 수 있을 것이다.

넷째 주제는 '생각의 전환'이다. 사회과학을 혁신하는 생각이 끊임없이 나타난다. 사회가 변하기 때문에 사회현상을 다루는 사회과학의 학설 또한 변할 수밖에 없다. 특히 20세기 들어 다양한 혁신적인 학설이 나타났다. 20세기가 엄청난 변동의 시대였기 때문이다. 모든 새로운 학설이 혁신적인 학설로 인정받는 것은 아니다. 새로운 학설은 반드시 다양한 검증의 과정을 거친다. 그 과정에서 여러 분야에 영향을 미치는 학설이 혁신적인 학설로 인정받게 된다. 혁신적인 학설은 기존의 학설과 함께 오늘날까지 영향을 미친다. 우리는 혁신적인 학설을 이해함으로써 세계를 보는 새로운 시각을 알 수 있게 될 것이다.

다섯째 주제는 '내면의 탐색'이다. 사회과학의 분야는 다양하다. 그렇다고 처음부터 다양한 사회과학이 출현했던 것은 아니다. 변화하는 사회현상을 설명하기 위해 연구 대상의 내면을 들여다보는 새로운 학설이 생겨났다. 대상의 내면을 들여다보는 일은 인접 학문과의 협력을 통해 이루어진다. 따라서 새로운 학설에는 과거로부터 있어온 학설의 토대 위에 새로운 분야에 대한 생각이 포함되어 있다. 그 생각은 우리 생각의 지평을 넓혀준다. 따라서 다양한 분야의 학설을 탄생시킨 고전을 이해함으로써 우리는 사회를 바라보는 다양한 시야를 얻을 수 있을 것이다.

이상의 다섯 가지 주제 이외에도 더 다양한 주제를 생각해볼 수 있다. 그러나 이 다섯 가지 주제로 나누어 사회과학의 고전을 읽는다면 고전에 대한 깊이 있는 이해에 도달할 수 있을 것이라 생각한다.

이 책은 이 다섯 가지 주제로 나누어 사회과학의 고전을 해설했다. 이 책에서 소개한 고전을 읽음으로써 사회를 바라보는 우리의 시야가 넓어지고 그만큼 고전을 읽는 기쁨 또한 커질 것이다.

1부

자본의 시대

영화 〈설국열차〉는 똑같은 궤도 위를 쉼 없이 달리는 열차 안에서 일어나는 이야기를 다루었다. 열차가 똑같은 일을 되풀이하듯 열차 안의 사람들 역시 똑같은 일을 반복하며 살아간다. 어느 날 열차 안에서 반란이 일어나고 열차는 탈선을 하여 멈추어 선다. 열차에서 살아남은 사람은 어린 아이 두 명뿐이다.

'설국열차'는 우리가 살고 있는 자본주의 세계를 상징적으로 보여주었다고 했다. 우리는 자본주의 세계에서 반복된 삶을 살아가고 있다. 자본주의가 영화에서처럼 궤도를 이탈하여 멈추어 설지의 여부는 알기 어렵다. 더욱이 자본주의가 무엇인지에 대해서도 명확하게 정리된 의견이 없다. 자본주의가 언제 생겨났고, 또 앞으로 자본주의의 운명이 어떻게 될지에 대한 의견 역시 통일된 것이 없다. 그럼에도 자본주의는 우리의 일상적인 삶뿐만 아니라 정신, 사상, 문화에 이르기까지 전 방면에 영향을 미치고 있다.

1부에서는 자본주의에 대해 설명하는 다섯 편의 글을 해설했다. 애덤 스미스의 《국부론》, 마르크스의 《자본론》, 베버의 《프로테스탄티즘의 윤리와 자본주의 정신》, 슘페터의 《자본주의, 사회주의, 민주주의》, 브로델의 《물질문명과 자본주의》가 그것이다.

애덤 스미스는 자본주의가 생겨나기 시작한 시기의 학자다. 애덤 스미스는 부의 원천이 노동에 있음을 밝히며 산업의 발전에 제약이 되는 모든 규제를 철폐하라고 했다. 마르크스는 당대 가장 발전한 자본주의 국가인 영국을 분석하여 노동자의 참담한 실상을 폭로하고, 노동자의 빈곤이 자본주의로부터 유래했음을 밝히며, 자본주의가 발전의 결과로 붕괴할 것이라 예상했다. 베버는 자본주의의 합리성이 프로테스탄티즘에서 유래했음을 밝혔다. 자신들이 하는 일이 하느님으로부터 받은 천직임을 인식하고 자신의 일에 최선을 다하는 가운데 자본주의적 합리성, 자본주의의 정신이 생겨났다는 것이다. 슘페터는 자본주의를 발전시키는 원동력이 기업가의 혁신이라고 말한다. 그러나 자본가의 혁신 의지가 쇠퇴하면서 자본주의는 활력을 잃었고 결국 소멸할 것이라고 예언했다. 브로델은 자본주의가 그리스 신화에 나오는 괴물 히드라와 같은 존재라고 했다. 자본주의는 사회시스템의 최상층에 존재하면서 사회의 모든 분야에 파고들어 그 분야와 결합한다는 것이다.

자본주의는 탄생 이후 여러 차례 변화를 거쳐왔다. 100년 전의 자본주의와 오늘날의 자본주의는 공통점 못지않게 차이점이 많다. 자본주의는 기본적으로 보다 인간적인 것을 지향하는 방향으로 변화해왔음을 역사는 확인해준다. 따라서 자본주의의 운명은 자본주의가 더욱더 인간적인 것을 지향하는 방향으로 자기 변화를 계속해나갈 수 있느냐에 달려 있다고 할 수 있다.

1

이기심이 사회를 발전시킨다

스미스 《국부론》

서울대 사상고전 100선에 선정된 핵심 포인트

사익을 추구하는 인간의 행위가 가격과 시장이라는 '보이지 않는 손'의 인도에 의해 사회 전체의 목표인 국부의 증진과 어떻게 조화할 수 있는가를 분석한 경제학의 고전이다. 시장기구가 원활히 작동하기 위한 선행 조건으로 분권화되고 경제적이며 민주적인 사회질서가 정착되어야 함을 강조했으며, 경제현상을 역사, 문화, 정치, 사회의 측면에서 고찰하여 오늘을 사는 우리에게도 많은 시사점을 던져준다.

– 정운찬 서울대학교 명예교수

보이지 않는 손

"우리가 빵을 먹을 수 있는 것은 빵집 주인의 이타심 덕택이 아니라 빵집 주인의 이기심 덕택이다." 영국 글래스고 대학교의 한 학자는 당대의 상식을 뒤집어엎는 도발적인 발언으로 세상을 떠들썩하게 만들었다. 모두들 기독교의 교리를 신조 삼아 살던 그 시절, 네 이웃을 사랑하라는 예수의 계명을 삶의 더없는 진리로 받들며 살던 그 시절에 이 학자는 "이기심은 인간의 타고난 본성이니 이 이기심이 가르치는 대로 살라"고 공언했던 것이다. 경쟁만 보장된다면, 또 자유로운 경쟁이 이루어지기만 한다면 개인의 이기심에 따른 행위들은 사회 전체의 입장에서 볼 때 아름다운 조화를 만들어낸다고 주장했던 것이다. 도대체 무엇에 의해 개인의 이기심과 경쟁이 사회의 조화로운 발전을 만들어내는 것일까? "공익을 추구하려는 의도도 없고 자신이 공익에 얼마나 이바지하는지조차 모르는 사람. 사람들은 오직 자신의 이익만을 추구한다. 그런데 그들은 그 과정에서 보이지 않는 손(an invisible hand)에 이끌려 자신이 전혀 의도하지 않은 부수적 결실(공익)을 얻게 된다."

학자의 이름은 애덤 스미스(Adam Smith, 1723~1790). 이 '보이지 않는 손'이 등장하는 책의 제목은 《국부론(An Inquiry into the Nature and Causes of the Wealth of Nations)》이다. '보이지 않는 손'으로 스미스가 주장하고

싫었던 바는 이른바 '레세-페르(laissez-faire)'다. 프랑스어의 '레세'는 영어의 '렛(let)'에 해당하고 '페르'는 '두(do)'에 해당하니 '레세-페르'를 우리말로 바꾸어보면 '하도록 내버려두라'는 정도의 의미다. 비틀스의 노래 제목인 '렛 잇 비(Let it be)'와 같은 말이 바로 '레세-페르'다.

제발 내버려두세요

지금도 영국산 모직 하면 알아주지만 18세기 당시에도 영국은 품질 좋은 모직물로 전 유럽의 무역을 석권하고 있었다. 영국 경제가 모직 생산을 위해 얼마나 광분했던가는 "양이 사람을 잡아먹는다"는 토머스 모어(Thomas More)의 한마디가 잘 웅변해준다. 그 당시의 단적인 예를 들어보면 이렇다. 1820년 스코틀랜드의 공작부인은 79만 에이커(1에이커는 약 4046제곱미터)의 토지에서 일하던 1만 5000명의 소작인을 쫓아내고 그곳에 1만 1000마리의 면양을 들여놓고 쫓겨난 농민들에게는 2에이커의 불모지를 나누어주었다. 엘리자베스 여왕 8년에 제정된 법률 제3호에 의하면 양, 새끼 양, 숫양을 수출한 자는 초범일 경우 모든 재산을 영원히 몰수당하고 1년간 구금되었다가 장날에 왼손을 절단당하고 못 박혔으며, 재범일 경우에는 중죄인으로 판결받아 사형을 당한다. 짐승을 외국에 팔아넘긴 벌이 사형이었다.

영국의 법률은 양모의 운반을 철저히 규제했다. 양모는 가죽용 천으로 만든 용기에 담아야 하고, 용기 겉에 3인치(1인치는 2.54센티미터) 이상의 크기로 '양모'라는 글씨를 쓰게 했다. 이를 어기면 양모와 용기를 모두 몰수당하고 양모 소유자는 무게 1파운드(0.45킬로그램)당 3실링의 벌금을 물어야 했다. 양모는 말이나 마차에 실어서는 안 되며 일출에서 일몰까지의 시간에만 운반이 가능하다. 해안에서 10마일(1마일은 1.6킬로미터) 이내의 지역에 있는 모든 양모 소유자는 양모를 깎은 지 3일 안에 양모의 양과 보관 장소를 세관에 서면으로 보고해야 한다. 또 양모를 옮기기 전에 양모의 양과 무게, 구매자의 이름과 주소, 운반 예정지 등등을 통보해야 한다.

여기에 애덤 스미스가 '레세-페르'를 외친 이유가 있다. 애덤 스미스는 모직물을 둘러싼 거추장스럽기 짝이 없는 법적 제약들을 집어치워 버리라고 주장했다. 스미스의 관찰에 의하면 이런 법적 제약으로 이익을 챙기는 자들은 소수의 모직물 제조업자뿐이었다. 영국의 양모는 네덜란드 암스테르담에서 거래되는 가장 질 낮은 양모의 가격에도 미치지 못하는 가격으로 모직업자에게 넘어갔다. 스미스는 말했다. "우리나라의 중상주의에 의해 주로 진흥되는 것은 부자 권력자의 이익을 위한 산업뿐이다. 가난한 자와 빈궁한 자의 이익을 위한 산업은 너무나 자주 무시되거나 억압받고 있다."

분업의 위대한 힘

《국부론》은 900여 쪽이 넘는 방대한 양이지만 그 속에서 전개되는 경제 이론은 단순하다. 스미스는 책의 서문에서 국민 1인의 연간 노동은 그가 소비하는 생활필수품과 편의품 모두를 공급하는 원천이라고 선언함으로써 상품 가치의 원천이 노동이라는 사상을 밝혔다. 이는 국가의 부는 농업과 제조업에 종사하는 생산자와 노동자들의 노동에서 나온다는 사상을 시사하는 것이다. 왜 스미스는 이런 명제를 서문의 서두에 밝히게 되었을까? 스미스는 국가의 부를 증대시키려면 금이나 은 같은 화폐를 많이 축적해야 한다는 중상주의에 대한 대결 의식을 가지고 있었다. 스미스는 중상주의자들의 착각을 비판했다.

국민이 소비하는 생활필수품을 공급해주는 것은 얼른 보면 금이나 은과 같은 화폐 같지만 그렇지 않다. 금과 은은 이런 상품을 구입할 때 사용하는 교환 수단에 지나지 않는다. 상품은 어떻게 만들어지는가? 바로 농산물을 만드는 농민, 공산품을 만드는 노동자들의 노동에 의해 만들어지는 것이 아닌가? 그러므로 한 나라의 부는 그 국민의 연간 노동에 의해 결정되는 것이다.

그러면 한 나라의 부를 증진시키려면 어떻게 해야 하는가? 무조건 제조업에 많은 사람을 투입하여 노동의 양을 늘리면 되는가? 스미스는 그 유명한 '핀 공장'의 작업 공정을 예로 들었다.

핀 공장에서 일하는 노동자들은 다수의 부문으로 분할되어 특정의 노동을 수행한다. 첫 번째 사람은 철사를 잡아 늘이고, 두 번째 사람은 철사를 곧게 하며, 세 번째 사람은 철사를 끊고, 네 번째 사람은 끝을 뾰족하게 하며, 다섯 번째 사람은 머리를 붙이기 위해 끝을 문지른다. 머리를 만드는 데도 두세 개의 다른 조작이 필요하다. 머리를 붙이는 일이며, 핀을 휘는 일이며, 핀을 종이로 싸는 일 역시 하나의 작업이다. 핀 제조업은 이처럼 약 18개의 독립된 조작으로 분할되고 있다. 만일 한 사람의 노동자가 혼자서 핀을 제조한다면 아무리 열심히 일해도 하루에 20개 이상을 만들지 못할 것이다. 그런데 핀 공장에서는 열 명이 분업을 통해 하루 4만 8000개 이상의 핀을 만들 수 있다. 한 사람이 하루에 4800개의 핀을 만들어내는 것이다.

경제학사에서는 애덤 스미스를 매뉴팩처(공장제 수공업) 시대를 대변하는 경제학자라고 하여 산업혁명 이후 본격적으로 전개되는 자본주의 시대의 경제학자들과 구별한다. 스미스는 핀 공장에서 진행되고 있던 분업의 경제적 의의를 높이 평가하는 논설에서 매뉴팩처 경제학자

스미스는 경쟁의 자유를 외쳤지만 정작 노동자는 자본가와 자유로운 경쟁을 할 수 없는 현실이었다.

의 면모를 유감없이 보여주었다. 스미스는 분업이 노동 생산력을 증대시키는 이유를 세 가지 든다. 첫째는 노동자의 기술이 증진되기 때문이고, 둘째는 작업 공정에서 이동에 드는 시간이 절약되기 때문이며, 셋째는 반복되는 동작을 통하여 다수의 기계를 발명하기 때문이다.

그러면 사회가 수없이 다양한 업종으로 분화되었을 때 한 나라의 경제는 어떤 원리에 의해 조화를 획득하게 될까? 분업은 교환을 전제로 한다. 따라서 스미스에 의하면 분업의 정도는 시장의 크기에 제한받는다. 시장이 발달하지 않은 오지의 사람은 자신의 생활필수품을 자급자족해야 하기 때문에 특정의 일을 붙들고 있을 수 없다.

이익을 이야기하라

스미스는 자유로운 시장이 상품의 가격을 결정하고, 상품의 수요에 따라 상품의 생산량을 조절하며, 생산자에게 공정한 노동의 성과를 배분해주는 자동 조정 장치라고 말한다. 이 점을 이해하기는 그리 어렵지 않다. 사냥꾼의 세계에서 물개 한 마리를 잡기 위해 필요한 노동이 사슴 한 마리를 잡기 위해 필요한 노동의 두 배라면 물개 한 마리는 당연히 사슴 두 마리의 가치를 갖는다. 만일 시장에서 물개와 사슴이 1대 2로 교환되지 않고 1대 1로 교환된다면 물개 사냥꾼들은 업종을 바꾸어 사슴 사냥에 나설 것이다. 그렇게 되면 물개의 공급은 줄어들고 사슴의 공급은 늘어난다. 수요와 공급의 조정 과정은 물개와 사슴이 1대 2로 교환될 때까지 진행될 것이다. 결국 시장은 각각의 생산물이 자기의 가치에 따라 교환되는 것을 도울 뿐만 아니라 이 과정을 통해 사회 전체의 수요에 따라 각 상품의 생산량을 통제하는 역할을 수행하는 것이다. 그래서 스미스는 이렇게 말했다.

> 우리가 식사를 할 수 있는 것은 정육점 주인, 양조장 주인, 빵집 주인의 이타심 덕택이 아니라 자신들의 이익에 대한 그들의 관심 때문이다. 우리는 그들의 이타심에 호소하지 않고 그들의 이기심에 호소해

야 하며, 그들에게 우리의 필요를 이야기할 것이 아니라 그들의 이익을 이야기해야 한다.

스미스의 논리는 매우 소박하고 더러 오류도 있다. 경쟁의 자유만 주어지면 경제는 합리적으로 돌아갈 것이라거나 모든 상품은 자유로운 경쟁으로 자신의 가치를 실현할 수 있다고 주장한 점은 사실이지만 자본주의사회에서 유일하게 노동자가 제공하는 노동력이라는 상품만은 자본가의 자본과 자유로운 경쟁을 하지 못한다. 19세기 자본주의의 역사는 스미스의 주장대로 자유방임주의의 길을 걸었으나 그 시대에 노동자계급이 겪어야 했던 고통은 단테가《신곡》에서 묘사한 지옥의 고통을 훨씬 넘어서는 것이었다.

자유방임주의는 산업혁명을 전후로 하여 부르주아계급이 절대군주와 영주 그리고 독점 상인들과 싸우기 위해 치켜든 깃발에 불과했음을 이후의 역사는 증명한다. 19세기 후반에 접어들면서 유럽의 자본주의가 격심한 공황을 주기적으로 겪으며, 자유로운 경쟁을 배제하는 독점자본이 출현했다. 자유경쟁 자본주의는 자신의 이데올로그인 스미스를 버리고 독점자본주의로 변신해나갔다.

지금껏 살펴보았듯이 스미스의 주장에는 한계가 있다. 하지만 자본주의를 비판하며 사회를 경제적 관점에서 바라보는 인식이 스미스로부터 연원했다는 점을 부인할 수는 없을 것이다.

애덤 스미스는 인간을 이성을 가진 이기적 존재라고 생각했다. 따라서 인간이 자신의 이익을 위해 판단하고 행동하면 그 판단과 행동이 공공의 이익을 증진시키게 된다고 보았다. 반면에 플라톤은 인간이 자신의 판단에 따라 행동하기보다는 앞장서는 자를 따라 행동한다고 보았다. 다음의 두 글을 읽고 인간의 행동에 대해 생각해 보자.

◆ ◆ ◆

사실 각 개인은 공공의 이익을 증진시키려고 의도하지 않는다. 또한 각 개인이 공공의 이익을 얼마나 촉진시켰는지도 모른다. 외국 노동보다 자국 노동의 유지를 선호하는 것은 오로지 자기 자신의 안전을 위해서였고, 노동 생산물이 최대의 가치를 갖도록 그 노동을 이끈 것은 오로지 자기 자신의 이익을 위해서였다. 이 경우 각 개인은 보이지 않는 손에 이끌려서 전혀 의도하지 않았던 목적을 달성하게 된다. 각 개인은 자기 자신의 이익을 추구함으로써 사회의 이익을 더욱 효과적으로 증진시킨다. …… 각 개인은 자기 자본을 국내 산업의 어느 분야에 투자하면 좋은지 그리고 어느 산업 분야의 생산물이 가장 큰 가치를 가지는지에 대해 그 어떠한 정치가나 입법자보다도 훨씬 더 잘 판단할 수 있다는 것이 명백하다.

– 스미스, 《국부론》 중에서

◆ ◆ ◆

◆ ◆ ◆

"과두 정체에서는 가장 사나운 무리의 부류가 존중되지 않고 관직에서 배제되어 단련을 받지 못하고 결국은 강건해지지도 못한다네. 그러나 민주 정체에서는 이 부류가, 소수를 제외하고는, 분명히 이 정체의 앞장서는 부류라네. 이들 중에도 제일 사나운 무리가 말을 하고 행동을 하게 되고 나머지는 연단 주위에 가까이 앉아 웅성거리면서 다른 말을 하는 사람들을 그냥 두지 못하네. 그리하여 이런 정체에서는 모든 것이, 소수의 경우를 제외하고는, 이런 부류에 의해서 조종되네"라고 말했더니, "물론입니다"라고 그가 말했다네. …… "대중은 직접 일을 하고 정치에는 관여하지 않으며 재산도 그다지 많지 않은 모든 사람일세. 이들이 집회라도 갖게 되면 민주 정체에서는 이들이 최대 다수이며 주도권을 갖는 부류가 되네"라고 말했더니, "실상 그렇습니다. 그러나 이 부류는 꿀의 한몫을 얻지 못한다면 자주 집회를 가지려 하지 않습니다"라고 그가 말했다네. …… "그런데 대중은 언제나 한 사람을 앞장세워서 이 사람을 보살피고 키워주는 버릇이 있지 않은가?" "그들에겐 그러는 버릇이 있죠." "그러므로 참주*가 자라나게 될 때 대중이라는 뿌리 이외에 다른 어떤 것에서도 그 싹이 트지 않는다는 것은 명백하네"라고 말했다네.

– 플라톤, 《국가》 중에서

* 비합법적 수단으로 독재적 지위에 오른 지배자

◆ ◆ ◆

2

전 세계 노동자계급의 성경

마르크스 《자본론》

서울대 사상고전 100선에 선정된 핵심 포인트

마르크스 경제 이론의 결정체인 《자본론》은 근대 부르주아사회의 생산, 유통과 분배를 지배하는 원리를 규명하고 이 생산양식의 내부 조직과 모순들을 지적함으로써 자본주의의 운동법칙을 밝힌 역작이다. 상품에 대한 논의로부터 출발하여 노동가치, 잉여가치, 착취, 재생산, 자본 축적, 이윤율 하락, 산업 예비군, 공황이라는 현상을 과학적으로 분석하여 현대 자본주의 분석의 체계적인 출발점을 제시했다.

— 정운찬 서울대학교 명예교수

단테도
상상하지 못한 지옥

인구 10억의 대륙 인도의 건국자인 네루는 마르크스(Karl Marx, 1818~1883)의 사상을 받아들인 정치가였다. 인구 13억의 대륙 중국의 건국 지도자들인 마오쩌둥(毛澤東)과 덩샤오핑(鄧小平) 역시 마르크스의 《공산당선언(Manifest der Kommunistischen Partei)》과 《자본론(Das Kapital)》을 읽고 투쟁에 나섰다. 베트남의 해방 투쟁을 이끈 호찌민(胡志明)도 마르크스의 사상을 배운 사회주의자였다. 영화 〈모던 타임스〉의 찰리 채플린(Charlie Chaplin), '상대성이론'의 아인슈타인(Albert Einstein), '불굴의 인간' 헬렌 켈러(Helen Keller)도 사회주의자였다면? 마르크스의 사상을 모른다면 지난 20세기의 세계사를 이해할 수 없다. 마르크스의 사상은 유럽의 합리주의 사상의 정화다. 마르크스는 독일철학의 변증법과 프랑스의 사회주의 사상과 영국의 정치경제학을 계승 발전시켜서 자신의 사상을 이루었다. 인문 사회과학의 거의 모든 분야에서 마르크스의 이름이 거론될 정도로 그가 20세기 학문에 미친 영향은 압도적이다. 그 마르크스 사상의 집약이 《자본론》이다.

마르크스가 살았던 19세기 중반 유럽 노동자들의 삶은 참혹했다. 마르크스는 노동자들이 불행한 원인을 규명하고, 그 해결책을 찾아 나섰다. 《자본론》의 주요 무대는 19세기 중엽의 영국 자본주의이고 주된 소

20세기 영국 자본주의를 비판한 찰리 채플린의 〈모던 타임스〉

재는 노동자의 참상이다. 당시 영국 노동자들의 참상에 대해 1863년의 한 보고서는 이렇게 증언한다.

위원회의 위원인 화이트가 심문한 증인들 중에서 270명은 18세 미만, 50명은 10세 미만이었다. 열 명은 겨우 8세, 다섯 명은 겨우 6세였다. 노동시간은 12시간에서 14~15시간이고, 야간 노동을 하며, 식사 시간은 불규칙했다. 대다수의 경우가 독성이 가득한 작업장에서 식사를 했다. 단테가 이 광경을 보았다면 자신이 상상한 처참하기 짝이 없는 지옥의 광경도 여기에 미칠 수 없다는 것을 발견했을 것이다.

마르크스는 《자본론》을 쓰기 위해 무려 10년 동안 대영박물관의 도서관에서 자료를 뒤적였다. 《자본론》에 등장하는 수많은 예들은 대부분 영국 국회에 제출된 공장 감독관의 보고서나 공중위생에 관한 보고서 등에서 뽑은 것이다. 800여 쪽이 넘는 자본론 1권에는 19세기 영국 자본주의의 현실을 구체적으로 묘사하는 지면이 거의 절반을 넘을 정도다. 현실이 그랬다. 8~9세의 어린아이들은 공장주들 밑에서 하루 16시간씩 노동해야 했다. 인간의 이성과 양심을 가진 사람이라면 이 현실 앞에서 무엇을 해야 했을까?

거대 자본의 탄생, 시초 축적

《자본론》은 뒤에서부터 읽는 것이 좋다. 마지막 편인 8편에서 마르크스는 자본의 시초 축적을 다룬다. 자본의 시초 축적이란 자본이 어떻게 지구상에 출현하게 되었느냐 하는 물음에 대한 연구다. 한국의 대재벌 정주영은 쌀장사로 돈을 벌었고, 김우중은 사무실에서 라면을 끓여가며 돈을 모았다고 회고했다. 이런 얘기들이 사실일 수는 있으나 진실은 아니다. 쌀장사를 하면서 근검절약한 사람, 라면으로 끼니를 때우면서 돈을 모은 노동자들은 너무나 많다. 그러나 그들은 재벌과 거리가 멀다. 그런 식의 답변은 재벌의 신화를 만드는 소재가 될 수는 있어도 한국의 자본 축적 과정에 관한 진실은 되지 못한다.

'시초 축적'은 이런 물음에 대한 답변이다. 우리는 '자본' 하면 큰 건물, 대형 플랜트를 연상하지만 사실 자본은 '자본과 노동의 사회적 관계'를 의미한다. 따라서 자본이 어떻게 탄생했느냐 하는 질문은 자본가계급과 노동자계급이 어떻게 탄생하게 되었느냐 하는 물음이기도 하다. 마르크스는 이렇게 말한다.

시초 축적이 경제학에서 하는 역할은 원죄가 신학에서 하는 역할과 거의 동일하다. 아담이 사과를 따먹자 인류가 죄를 짓게 되었다는 식으로, 아득한 옛날에 한편에는 근면하고 영리하며 특히 절약하는 특출한 사람이 있었고 다른 한편에는 자기의 모든 것을 탕진해버리는 게으른 불량배가 있었다는 것이다. 처음부터 대다수는 빈곤했고 처음부터 소수는 부자였다는 이 낡아빠진 어린애 같은 이야기가 매일 우리에게 설교되고 있다. 화폐와 상품은 처음부터 자본은 아니다. 이는 자본으로의 전화를 필요로 한다. 그런데 이 전화는 일정한 사정 아래에서만 가능하다. 타인의 노동력을 구매하길 갈망하는 생산수단의 소유자, 즉 자본가와 자신의 노동력을 자유로이 판매하는 노동자가 서로 대립하여 만나야 한다는 사정이 바로 그것이다. 한마디로 자본의 시초 축적은 생산자가 생산수단을 잃고 빈털터리가 되는 과정과 그 생산수단이 소수자에게 집중되는 과정이 동시에 진행되는 국면을 의미한다.

그러면 어떻게 시초 축적이 진행되었을까? 영국에서는 인클로저 운동(enclosure movement)이 노동자가 탄생하는 시초였다. 토지를 빼앗기고 농촌에서 쫓겨난 유랑민들이 형벌과 굶주림 속에서 아무런 권리를 갖지 못하는 상태로 노동자가 되었다. 그리고 아메리카, 아프리카, 아시아 대륙에 대한 잔혹한 약탈을 통해 획득한 금, 은이 유럽 자본의 시초였다. 그래서 마르크스는 시초 축적을 이렇게 규정짓는다. "자본은 머리에서 발끝까지 모든 털구멍에서 피와 오물을 흘리면서 이 세상에 나온다고 말해야 할 것이다."

잉여 노동의 착취

자본의 목적은 이윤 증대다. 그러면 이윤의 원천은 무엇인가? 마르크스는 노동자의 잉여 노동을 착취하는 것이라고 말한다. 마르크스는 자본가들이 노동자의 잉여 노동을 착취하기 위해 노동시간을 최대한 늘리는 사례를 예시한다. 한 가지 사례를 보자.

> 1836년 6월 초에 듀즈베리(요크셔)의 치안판사에게 제출한 고발장에 의하면 베틀리 부근의 여덟 개 대공장의 소유자들이 공장법을 위반했다. 이 공장주들 중 일부는 열두 살 내지 열다섯 살 소년 다섯 명을

금요일 오전 6시부터 다음날인 토요일 오후 4시까지 식사 시간과 한 밤중 한 시간의 수면 시간 외에는 조금도 휴식을 주지 않고 혹사시켰다는 이유로 고소당했다. 이 아동들은 이른바 '넝마 구덩이' 라고 불리는 구멍에서 30시간을 쉴 새 없이 일하지 않으면 안 되었다. 그곳은 모두 누더기를 찢는 곳으로 그 안의 공기는 성인 노동자라도 계속 손수건으로 입을 가려서 폐를 보호하지 않으면 안 될 정도로 티끌과 털 부스러기 등으로 가득 차 있었다.

이런 현실을 대하면 누구나 자본이란 피도 눈물도 없는 냉혹한 것이라는 느낌을 받을 것이다. 이런 소박한 느낌에 대해 마르크스는 이렇게 표현했다.

자본가는 단지 인격화된 자본에 지나지 않는다. 자본가의 혼은 자본의 혼이다. 그런데 자본에게는 단 하나의 충동이 있을 따름이다. 즉 최대한 많은 양의 잉여 노동을 흡수하려는 충동이 그것이다. 자본은 죽어 있는 노동인데, 이 죽어 있는 노동은 흡혈귀처럼 오직 살아 있는 노동을 흡수함으로써 활기를 띤다.

자본주의의 운명은?

자본주의가 발전하면 노동자의 상태가 자동적으로 개선될 것이라고 한다. 자본주의의 발전은 생산성의 증대를 가져오는 새로운 기계의 도입으로 상징된다. 기계의 도입은 노동자에게 어떤 영향을 미치는 걸까? 마르크스는 자본가가 오직 잉여 노동의 양을 늘리기 위해 새로운 기계를 도입한다고 주장한다. 노동자의 저항에 의해 노동시간은 감소하고 자본가가 가져갈 수 있는 잉여 노동의 양이 줄어든다. 그래서 자본가는 같은 노동시간에 더 많은 물건을 생산하기 위해 기계를 도입한다. 노동시간이 줄어든 대신 생산량을 늘려 잉여 노동의 양을 증대시키려는 것이다. 기계의 도입으로 노동자가 겪는 가장 커다란 고통은 해고와 실업이다. 새로운 기계의 도입은 노동자를 기계로 대체한다는 의미다. 그래서 19세기 초반 영국에서는 노동자들이 기계 때문에 일자리를 잃게 되자 기계 파괴 운동(luddite movement)에 나서기도 했다.

그러면 자본주의의 운명은 어떻게 될까? 마르크스는 공황에 주목했다. 19세기에 10년을 주기로 공황이 발생했다. 공황이 주기적으로 발생하는 이유에 대해 마르크스는 부르주아가 너무나 큰 생산수단을 가지고 있기 때문이라고 했다. 즉 부르주아적 사적 소유가 팽창하는 생산력을 감당하지 못하고 그것을 질곡에 빠뜨리는 것으로 설명했다.

마르크스는 역사 발전의 원동력을 생산력에서 찾았다. 인간 역사의 여러 발전 단계에서 생산력은 그에 어울리는 생산관계를 요구한다. 생산관계는 법적으로 소유관계로 표현된다. 예를 들면 물레방아가 봉건제를 낳았다면 제분소는 자본주의적 소유관계를 낳았다. 자본주의는 생산력의 측면에서 보면 생산이 날이 갈수록 사회화되는 반면, 생산관계의 측면에서 보면 사회적으로 생산된 노동의 성과들이 극소수의 자본가들에게 집중되는 모순을 안고 있다. 자본주의의 발전과 함께 이 모순은 심화될 수밖에 없고, 더 이상 생산력의 발전이 자본주의적 소유관계 내에 머무를 수 없는 지점이 도래한다. 다시 말해 마르크스는 생산력의 발전이 자본주의적 소유관계를 파괴할 수밖에 없는 시점이 필연적으로 도래한다고 보았다.

마르크스는 자신이 살았던 시기의 자본주의에 대해 면밀하게 연구했다. 마르크스의 정신에서 배울 점은 자신이 살아가는 당대의 사회 문제를 구체적으로 연구하는 일일 것이다. 현대 자본주의는 마르크스가 살았던 19세기의 자본주의와 현격하게 다른 모습으로 변모해왔다. 그런데 21세기를 맞이한 지금 인류의 지성은 아직 마르크스처럼 우리 시대의 현실을 총체적으로 분석 · 연구하지 못하고 있다. 현대 자본주의가 어떻게 운동하는지 합리적으로 분석해내는 과제는 21세기를 담당할 지성의 어깨에 걸려 있다. 마르크스는 《자본론》 서문에서 이렇게 말한다.

나는 과학적인 비판에서 나온 의견이라면 무엇이든지 환영한다. 그러나 내가 한 번도 양보한 일이 없는, 이른바 여론이라는 편견에 대해서는 저 위대한 피렌체인 단테가 남긴 다음과 같은 말을 변함없이 나의 좌우명으로 삼을 것이다.

"남이야 뭐라든 너의 길을 가라."

마르크스는 생산력이 역사 발전의 원동력이라고 했다. 생산력은 인간의 노동을 전제로 한다. 마르크스에 따르면 노동은 단지 유익한 것을 만들기 위한 행위일 뿐만 아니라 자신의 본성을 변화시키며 자신을 실현하는 행위다. 고대 그리스의 시인 헤시오도스(Hesiodos)는 노동이 부(富)와 명예를 얻기 위한 것이라고 말한다. 두 사람의 글을 읽고 '노동의 진정한 의미'에 대해 생각해보자.

◆ ◆ ◆

노동은 인간과 자연 사이에서 일어나는 과정이다. 인간은 노동을 통해 자연과의 관계를 조절하고 통제한다. 인간은 자연의 물질을 자신의 삶에 유익한 형태로 만들기 위해 팔, 다리, 머리, 손과 같은 자신의 신체 기관을 움직인다. 신체 기관의 움직임을 통해 인간 외부의 자연에 작용하여 자연을 변화시키는 동시에 자신의 본성도 변화시킨다. 그렇게 함으로써 자연에 내재되어 있던 가능성을 실현시키며, 자연의 힘을 자신의 통제 하에 둔다. …… 거미도 방직공의 작업과 유사한 작업을 하며, 꿀벌의 벌집구조는 건축가들의 솜씨를 능가하는 것처럼 보인다. 하지만 아무리 서툰 건축가라 해도 숙련된 꿀벌보다 나은 면을 지니고 있다. 건축가가 벌통 속의 벌집을 만들 경우 미리 자기 머릿속에 그 벌집을 그려보기 때문이다. 노동의 결과는 노동자의 상상 속에 이미 존재한다. 인간은 단지 물질의 형태만을 변화시키는 것이 아니라 그 안에서 자신의 목적을 실현한다.

– 마르크스, 《자본론》 중에서

◆ ◆ ◆

페르세스여, 내 충고를 잊지 말고 일을 하시오.
굶주림이 그대와 멀어지고 예쁜 화관(花冠)을 쓴 데메테르 여신이
그대를 사랑하도록
그대의 곳간에 식량이 가득 차도록 하시오!
굶주림은 게으름뱅이의 동반자.
일하지 않는 자, 신도 인간도 싫어하는 법이오.
게으름뱅이는 빈둥빈둥 놀며 꿀벌들의 노고나 먹어치우는
침(針) 없는 수벌들과 같은 자들이라오.
그대는 일을 사랑하되 때를 잘 맞추도록 하시오.
그러면 그대의 곳간은 식량으로 가득 찰 것이오.
사람들이 많은 양 떼를 갖고 부자가 되는 것은 일하기 때문이오.
일하는 자를 신은 훨씬 더 사랑하는 법.
일하는 것은 수치가 아니오. 일하지 않는 것이 수치일 뿐.
그대가 일하면 게으름뱅이는 그대가 부자가 되는 것을 시기할 것이오.
그러나 부에는 위엄과 명예가 따르는 법.
그대의 운명이 어떻든 일한다는 것이 더 바람직한 거라오.
그대는 그대의 마음을 남의 재물로부터 일로 돌려 살림을 보살피시오.

– 헤시오도스, 《신통기(神統記)》 중에서

◆ ◆ ◆

3

자본주의사회의 종교적 베일을 벗기다

베버 《프로테스탄티즘의 윤리와 자본주의 정신》

서울대 사상고전 100선에 선정된 핵심 포인트

이 책은 청교도 신앙이 자본주의적 생활양식에 끼친 영향을 분석함으로써 유물사관과는 다른 관점에서 자본주의의 형성을 논했다. 보다 구체적으로는 청교도의 직업관과 윤리 의식이 영리 추구 행위를 정당화시켜 서유럽 자본주의의 형성에 지대한 공헌을 했다고 주장했다. 그러나 자본주의가 확실한 기초 위에 서게 되면 그 형성의 뿌리였던 금욕적 신앙과 윤리 의식은 소멸되며, 청교도주의가 결국은 재산 분배의 불평등과 노동자에 대한 수탈을 합리화시킬 수 있음도 언급했다.

– 정운찬 서울대학교 명예교수

자본주의 '정신'

합리화, 즉 합리적 자본주의는 왜 유독 서구에서 성립되었을까? 합리적 자본주의는 어떻게 인간의 삶을 규정하는 힘을 갖게 되었을까? 베버(Max Weber, 1864~1920)는 자본주의가 활성화된 근대 유럽에서 기업가, 자본가, 숙련 노동자와 같은 핵심 구성원들이 프로테스탄트라는 사실에 주목한다. 자본주의가 막 태동하기 시작한 16세기에 이미 유럽의 중심지에는 프로테스탄트들의 비중이 높았다. 베버는 이런 사실에서 출발했다. 《프로테스탄티즘의 윤리와 자본주의 정신(Die Protestantische Ethik und der Geist des Kapitalismus)》에서 베버는 근대 자본주의 정신과 프로테스탄티즘의 연결관계를 밝힌다. 이 책은 1904년과 1905년에 발간된 논문을 모은 것이다. 1920년 베버의 사망 직후 재출간되어 유럽 지성계에 큰 반향을 불러일으켰다. 《프로테스탄티즘의 윤리와 자본주의 정신》은 먼저 자본주의 정신에 대해 이야기한다.

흔히 자본주의 정신을 개인의 영리 추구로 특징짓는다. 그러나 베버가 보기에 근대 자본주의는 도덕과 무관한 개인적 이득 추구에 기초하는 것이 아니다. 자본주의는 의무로서의 직업에 대한 엄격한 책임에 기초를 두었다. 베버는 벤저민 프랭클린(Benjamin Franklin)에 대한 분석을 통해 자본주의 정신을 정리한다.

벤저민 프랭클린의 생각을 보라. 프랭클린의 사상에서 드러나는 것은 자기중심적 원리의 겉치레 따위가 아니다. 뿐만 아니라 이 '윤리'의 '최고선'은 모든 향락을 엄격히 배제하고 꾸준히 돈을 벌고자 노력하는 것이다. 이 노력은 행복주의나 쾌락주의 등의 관점과 전혀 상관없다. 이 노력은 순수한 자기 목적이다. 따라서 개인의 '행복'이나 '이익'과 대립하여 완전히 초월적이고 비합리적인 것으로 나타난다. 영리는 인생의 목적으로 간주되지, 인간의 물질적 생활의 요구를 충족시키기 위한 수단으로 간주되지 않는다.

베버에 따르면 정당한 경제적 활동을 통해 부를 획득하려는 헌신이 헌신을 통해 얻어진 소득을 개인적 향락에 사용하지 않으려는 태도와 독특하게 조화를 이루어 근대 자본주의 정신이 형성되었다.

하늘에서 받은 직업, 천직

직업이란 노동력을 팔아 소득을 얻는 것을 뜻한다. 그러나 자본주의체제에서 개인은 자신의 직업 활동의 의무를 의식해야 한다. 갑은 갑의 직업 의무를, 을은 을의 직업 의무를 갖는다. 이런 의무는 우리의 삶을 어떤 프레임 안에 짜 넣는다. 베버는 말한다. "오늘날의 자본주의적 경제

조직은 기성의 거대한 질서 세계라 할 수 있다. 개인은 태어날 때부터 그 안에 속한다. 따라서 사람은 사실상 변혁하기 어려운 '자본주의적 경제조직'의 철창 안에서 살아가야 하는 셈이다. 이런 질서 세계는 시장과 관계를 맺는 모든 사람의 경제행위에 대하여 일정한 규범을 강요한다. 오랫동안 이 규범을 거스르며 행동하는 제조업자는 반드시 경제적으로 도태될 것이다."

자본주의에서 대규모 기업으로의 구조적 변화가 일어나게 되면 이른바 생산의 합리적 재조직이라는 현상이 나타난다. 그런데 베버가 보기에 그런 변화는 특정 기업에 갑자기 자본이 유입되었다는 사실로 설명할 수 없다. 그보다는 기업가적인 자본주의 정신이 새로 도입됨으로써 나타난 결과다. 따라서 베버는 근대 자본주의를 구별 짓는 지배적인 특징을 이렇게 말한다. "엄밀한 계수적 예측을 바탕으로 모든 것을 합리화하고 경제적 성과를 목표 삼아 계획적으로 냉철하게 실행해가는 것은, 자본주의적 경제의 근본적인 특징 가운데 하나다. 이런 점에서 자본주의는 하루 벌어 하루 먹고사는 농민의 생활이나 수공업자의 특권적인 낡은 관습이나 정치상의 권리 또는 비합리적인 투기를 생명으로 여기던 '모험 상인의 자본주의'와 전혀 다르다."

자본주의는 의무이자 미덕인 천직(天職)을 선택하여 이를 효율적으로 수행하려는 가치에 뿌리를 두고 있다. 베버는 "이 특이한 형태의 합리적 사고는 어디에서 태어난 지적 산물인가? 천직과 헌신적 노동이라는 관념은 어디에서 도래한 것인가?"라는 의문을 갖는다.

천직(calling)의 개념은 루터의 종교개혁 때 비로소 나타났다. 중세나 고대에 천직의 개념은 존재하지 않았다. 천직이란 일상생활에서 행위 규범을 통하여 신에 대한 자기 의무를 수행하는 것이다. 따라서 천직은 현세적인 것을 거부하는 중세의 은둔적 고립주의에서 벗어나 세속적인 목적 추구를 강조하도록 해주었다. 베버는 말했다.

> 우리가 생활상의 지위와 일정한 노동 영역이라는 뜻으로 사용하고 있는 '천직'이라는 단어와 비슷한 표현은 발견되지 않는데, 프로테스탄트가 우세한 민족에는 반드시 그런 표현이 존재한다. …… 말뜻과 마찬가지로 그 사상도 종교개혁의 새로운 산물이었다. 그렇지만 천직 관념에 포함되어 있는 세속적 일상 노동의 존중이라는 사상의 싹이 중세에 이미, 아니 고대에도 이미 존재하고 있었다는 점을 부정하는 것은 아니다.

세속적 직업 속에서 의무를 이행하는 것이 가장 도덕적인 실천으로 인식되었다. 그에 따라 세속적 일상 노동은 종교 의례와 같이 받아들여졌다. 그렇게 노동은 천직이 되었던 것이다. 루터는 세속적 의무에 충실하라고 요구했다. 그러나 신의 섭리를 강조하는 루터의 입장은 자본주의와 항상 친화적인 것은 아니었다. 루터의 직업 개념은 종교개혁 후기의 여러 종파들에 영향을 주었는데 이들을 '금욕적 프로테스탄티즘'이라 부를 수 있다. 그리고 여기 칼뱅주의가 있다.

개인화된 인간의 출현

칼뱅주의는 천직의 개념을 보다 세련되게 승화시킨다. 칼뱅주의는 16~17세기 네덜란드, 영국, 프랑스에서 격렬한 정치적, 문화적 투쟁을 수행하고 탄압받았다. 칼뱅주의는 정치적으로뿐만 아니라 종교적 순수성에 있어서도 남다른 종파였다. 칼뱅주의의 교리적 특성은 예정설과 금욕주의다. 예정설은 개인의 구원이 개인의 행위나 노력으로 이루어지는 것이 아니라는 주장이다. 구원받을 자와 저주받을 자의 운명은 하느님의 의지로 미리 정해져 있다. 즉 예정설은 이 세계의 일과 인간 생활의 모든 일이 신에 의해 미리 규정되어 있어서 모든 것이 신의 의지에 완전히 지배되고 있다는 사상이다. 신의 영역에 대한 불가지성(不可知性)과 개인의 무기력함 속에서 종교는 변화를 겪게 된다. 그간 숭배되어 온 설교자, 성례, 교회에 대한 의존도가 낮아진다. 그래서 누구도 도울 수 없는 고립된 개인, 종교의 신비감이 사라져 개인화된 사람이 드러나게 된다. 베버는 이렇게 설명했다.

신의 결단은 절대 불변이므로 신으로부터 은혜를 받은 자는 그것을 잃지 않고 은혜를 받지 못한 자는 그것을 얻을 수 없다. 이 비참하고 비인간적인 교설이 그 장대한 귀결에 몸을 의지한 후세의 마음에 필연적으로 심어줄 수밖에 없었던 결과는 무엇이었을까. 일차적으로 개인의 유례없는 내면적 고독감이었다. 종교개혁 시대 사람들에게 인생의 결정적인 문제였던 영원한 행복에 대해서 인간은 태곳적부터 정해져 있는 운명을 향해 고독한 길을 걸어가야 한다고 결론이 난 것이다.

칼뱅주의자들은 불안에 시달릴 것이다. 나의 운명은 저주받은 것인지 구원받은 것인지 불확실성에 방황할 것이다. 칼뱅교도들은 이 불확실성으로부터 벗어나기 위해 현세적 삶의 영광을 추구한다. 신께 영광을 돌리기 위해 현실의 삶을 추구한다. 신께 영광을 돌리는 삶이 유효한 삶이고 그런 신앙이 유효한 신앙인 것이다. 죽은 후의 구원을 목표로 살지만 살아서는 신의 영광을 증대시키는, 성과 속이 뒤엉킨 삶이었다. 칼뱅주의자들은 신에게 영광을 돌리기 위해 모든 시간과 행위를 조직적으로 합리화하고자 했다. 끊임없는 자기 억제와 도덕적 반성은 '금욕주의'로 귀결된다. 베버는 이렇게 설명했다. "칼뱅주의에서는 '복음적 권고'가 사라지면서 금욕이 순수하게 세속적인 것으로 바뀌었다. …… 칼뱅주의는 발전 과정에 어떤 적극적인 요소를 첨가했다. 바로 세속적인 직업 생활에서 신앙을 증명해야 한다는 사상이었다. 이 사상은 종교적인 삶을 원하는, 보다 광범위한 사람들에게 금욕을 추구할 적극적인 동인을 제공했다."

금욕주의에 따르면 시간의 낭비는 가장 큰 죄가 된다. 또한 노동은 금욕의 수단이자 삶의 자기 목적이 된다. 부의 축적이 나태한 사치의 유혹이 된다면 그것은 도덕적으로 비난받게 된다. 그러나 물질적 이윤이 자기 천직을 금욕적으로 추구한 결과라면 그것은 용인될 뿐만 아니라 도덕적으로 권장되기까지 한다. 기업가의 활동은 정당화되고 부를 추구하는 것은 신의 섭리이자 명령이 되는 것이다. 베버는 이렇게 말했다.

> 영주들의 귀족적인 도덕적 해이나 벼락부자의 과시적 허세는 금욕이란 관점에서 본다면 둘 다 혐오스러운 것이었다. 반대로 각성한 시민인 '자립형 인간'은 대단한 윤리적 칭송을 받았다. '신은 그의 사업을 축복하신다'는 말이 신의 인도에 따라 성공한 성도들에게 상투적으로 사용되었다.

프로테스탄트의 금욕은 전력을 다해 향락에 반대한다. 또한 전통적으로 죄악시되었던 재화 획득에 날개를 달아준다. 이제 이익 추구는 합법화되고 신의 축복이 된다. 과시적 사치는 배척된다. 바야흐로 합리적 소비의 시대가 된 것이다. 합리적으로 계획된 생활은 과시적 허세를 배제하고 재투자하도록 한다. 자본주의사회는 모든 사회조직을 합리적인 시스템으로 재조직했다. 정부, 학교, 군대, 병원, 회사, 교회 등은 합리적 질서에 입각하여 운영된다. 합리적 시스템이란 결국 자본주의라는 시스템을 지탱하기 위한 기둥이다. 여기에 프로테스탄티즘이라는 종교와 가치가 채색되어 사고를 지배하고 작동시킨다. 《프로테스탄티즘의 윤리와 자본주의 정신》에서 베버는 이 모든 것들을 이야기한다. 불합리한 것은 부도덕한 것으로 인식되는 사회, 베버는 이곳에 드리워진 종교적, 윤리적 베일을 벗겨내고 그야말로 불합리한 죄책감으로부터 우리를 해방시킨다.

베버가 《프로테스탄티즘의 윤리와 자본주의의 정신》에 인용한 벤저민 플랭클린의 글은 프로테스탄티즘의 노동 윤리가 실제로는 사람들에게 무엇을 요구하는지 보여준다. 영국의 철학자 버트런드 러셀(Bertrand Russell)은 근면함에 대한 강조가 노예 국가의 도덕에 불과하다고 말한다. 다음의 두 글을 읽고 "시간은 돈이다"라는 말의 의미를 생각해보자.

◆ ◆ ◆

명심하라, '시간'은 돈이다. 하루 노동으로 10실링을 버는 자가 산책을 하거나 방 안에서 한나절을 게으르게 보냈다면 설사 6펜스밖에 쓰지 않았더라도 단지 그것만을 쓴 것이 아니라 그에 더해서 5실링을 더 지출한, 아니 내다버린 셈이다. …… 명심하라, 신용에 영향을 미치는 것이면 아무리 사소한 행동이라도 주의해야 한다. 채권자가 오전 5시나 저녁 8시에 그대가 작업하는 망치 소리를 듣는다면 앞으로 반년이라도 흔쾌히 참아줄 것이다. 그러나 마땅히 노동해야 할 시각에 당구장에서 그대를 발견하게 되거나 선술집에서 그대의 목소리를 듣게 된다면 채권자는 다음 날 아침이 되자마자 그대가 준비할 형편이 되든 안 되든 당장 돈을 요구하러 달려올 것이다. 그대가 일하는 모습은 그대가 채무를 기억하고 있다는 증표이며, 그대가 매우 성실한 사람이라는 점을 남에게 보여주어 그대의 신용을 증대시킬 것이다.

– 베버, 《프로테스탄티즘의 윤리와 자본주의 정신》 중에서

◆ ◆ ◆

생산을 과학적으로 조직하면 지금의 세계에서 적은 노동력만으로도 사람들이 아주 편안하게 지낼 수 있다는 사실을 전쟁이 결정적으로 보여주었다. 사람들을 전투와 군수 노동에 투입할 목적으로 만들어진 과학적 조직을 전쟁이 끝난 뒤에도 계속 유지했다면 하루 노동시간을 네 시간으로 줄이고도 모든 사람들이 행복하게 살 수 있었을 것이다. 그러나 실제 상황은 옛 혼란으로의 복귀였다. 일하는 사람들은 장시간 일을 해야만 했고 나머지 사람들은 일자리가 없어 굶어 죽게 방치되었다. 왜? 일은 의무이기 때문에 사람들은 자신들이 생산한 것에 비례해 임금을 받는 것이 아니라 근면성으로 대표되는 미덕에 비례해 임금을 받아야 하기 때문이다. 이것이야말로 노예 국가의 도덕임에도 불구하고 그 도덕이 생겨난 상황과 전혀 다른 상황에서 그대로 적용되었다. 따라서 당연히 결과가 비참했다.

– 러셀, 《게으름에 대한 찬양(In Praise of Idleness)》 중에서

◆ ◆ ◆

4

자본주의 숭배자가 자본주의의 끝을 예견하다

슘페터 《자본주의, 사회주의, 민주주의》

서울대 사상고전 100선에 선정된 핵심 포인트

슘페터는 이 책에서 자본주의는 과연 살아남을 수 있는가라는 의문을 제기하고 그렇게 될 수 없는 이유를 설명한다. 이른바 슘페터식의 자본주의 붕괴론으로 알려진 이 명제는 자본주의체제의 성공 자체가 자본주의를 보호·유지해온 사회적 제도를 약화시킴으로써 사회주의를 자신의 후계자로 지목할 수밖에 없다는 것이다. 책의 후반부는 자본주의의 후계자로서의 사회주의제도에 대한 분석을 행하며 사회주의와 민주주의에 대한 슘페터의 논점을 체계적으로 정리하고 있다.

– 정운찬 서울대학교 명예교수

그 자신이 혁신인 경제학자

중국 후한시대에 허신(許愼)이라는 학자가 살았다. 허신은 한자의 바른 뜻을 알리기 위해 《설문해자(說文解字)》라는 사전을 집필한다. 이 사전은 '혁(革)'이라는 글자를 다음과 같이 정의한다. '수피치거기모왈혁(獸皮治去其毛曰革) 혁편야(革便也)', 즉 짐승의 가죽에서 털을 뽑아 다듬은 것을 혁이라 한다. 한자 혁은 사냥한 짐승의 날가죽을 펴놓고 털을 뽑는 모양을 본뜬 글자다. 털이 뽑힌 가죽은 다른 것으로 새롭게 변화한다.

혁신은 짐승 가죽이 가방이 되고 신발이 되는 것을 뜻한다. 혁신을 위해서는 가죽이 벗겨지고 털이 뽑히는 짐승의 고통 그리고 사냥꾼의 노력과 용맹이 필요하다. 영어로 혁신은 '이노베이션(innovation)'이다. 이노베이션은 '새롭게 하는 것, 어떤 새로운 것의 창조'를 뜻한다. 전 세계 기업이 혁신을 추구하고 있다. 완전히 새로운 대상으로의 변화이자 창조를 뜻하는 혁신은 시장의 역동성을 이끌어가는 동력으로 중요시된다. 혁신의 중요성을 처음으로 주장한 사람은 오스트리아 출신의 경제학자 슘페터(Joseph Alois Schumpeter, 1883~1950)였다.

슘페터는 폭넓은 이론적 관심과 통찰력으로 시대를 앞서갔다. 자본주의의 본질은 무엇인가, 자본주의를 자본주의이게 하는 것은 무엇인가, 그리고 자본주의의 운명은 어떻게 될 것인가. 슘페터는 이런 질문들에 사로잡혀 있었다. 한편 경제는 주기를 갖고 성장과 쇠퇴를 반복한다. 일종의 순환이다. 넓은 역사적 안목으로 보면 경제는 돌고 돌아 제자리를 찾는 정태적 순환 과정에 놓여 있다. 이러한 경제적 순환 역시 슘페터의 주요 관심 사항이었다.

슘페터가 관심을 갖고 있던 '성장 이론'과 '순환 이론'은 당시 이른바 정통파 경제학자들의 이론과 거리가 있었다. 슘페터의 이론은 오늘날까지 회자되면서 재평가되고 있다. 슘페터의 이론 자체가 그 무엇보다 혁신이었다. 슘페터가 1942년에 발표한《자본주의, 사회주의, 민주주의(Capitalism, Socialism and Democracy)》는 자본주의의 미래에 관한 가장 선동적인 저서의 하나로 평가받고 있다.

혁신은 창조적 파괴

슘페터는 경제성장 과정에서 기업가가 주도하는 '기술 혁신'을 중요시했다. 기업가의 의지에 의해 이루어지는 기술 발전은 자본 축적에 힘을 부여하고, 경제 성장 과정에서 침체와 고양의 경기순환을 불러들인다. 슘페터의 이론에서 '노동'은 경제성장의 수동적인 요소이고, '자본'은 기업가가 생산 재료를 구입하여 새로운 생산방식을 실현할 수 있게 하는 수단에 불과하다.

슘페터는 혁신과 '기업가 정신'이 자본주의경제 발전의 원동력이자 변화의 주체라고 주장했다. 이윤은 기업가의 혁신을 통해 이루어진다. 슘페터는 자본주의의 진보를 이렇게 설명했다.

자본주의경제는 정태적이지 않고 정태적일 수도 없다. 또 자본주의경제는 착실한 걸음으로 확대되기만 하는 것도 아니다. 자본주의 경제는 혁신에 의하여, 즉 새로운 상품이나 새로운 생산방법이 상업상의 새로운 기회를 그때그때 존재하는 산업구조에 도입함으로써 내부로부터 부단히 개혁되고 있다. 모든 산업구조와 기업 행위의 조건은 항상 변화의 과정을 겪고 있다. 모든 사태는 자신을 성취할 충분한 시간을 가지지도 못한 채 뒤덮이게 된다. 자본주의사회에서 경제 진보는 전쟁을 의미한다. …… 새로운 물건들을 생산하거나 낡은 물건들을 보다 싸게 생산함으로써 이윤을 얻을 수 있는 가능성이 끊임없이 구체화되어 새로운 자본을 요구한다. 새로운 상품과 방법은 낡은 생산품 및 방법과 경쟁을 하게 되는데, 그 경쟁은 동등한 조건에서 이루어지는 것이 아니라 낡은 것에는 죽음을 가져오게 되는 조건에서 이루어진다. 이것이 자본주의사회에서 진보를 실현하는 방식이다.

혁신은 창조적 파괴의 과정이다. 창조적 파괴란 더 큰 가치를 위하여 낡고 오래된 것을 경쟁력 있는 새것으로 바꾸는 것을 의미한다. 혁신은 생산성을 향상시켜 생산비를 낮추고 새로운 수요를 창조한다. 기업의 판매 수입은 올라간다. 이에 따라 기업가는 많은 이윤을 얻을 수 있다. 창조적 파괴를 통한 혁신을 추구한 기업가는 이윤을 얻을 수 있다. 이런 이윤은 기업가의 모험에 대한 정당한 대가다.

자본주의는 소멸한다

슘페터는 기업가를 '혁신을 추진하는 개인'이라고 정의한다. 기업가의 역할은 혁신을 통해 생산방식을 진일보시키는 것이다. 슘페터는 기업가들이 열정적인 기사와 같이 행동해야만 자본주의가 발전할 수 있다고 생각했다. 자본주의의 추진력은 용감한 사람들, 즉 새로운 아이디어를 실천에 옮기기 위해서 자기의 모든 것을 걸고 창의적인 시험적 확장을 감행하는 기업가들로부터 나온다. 슘페터는 열망에 가득 찬 기업가를 묘사한다. 기업가는 이윤 극대화만이 아니라 창조적 기쁨, 정복 의지, 개인의 왕국을 세우려는 꿈 등 다양한 동기에 의해 움직이는 존재다. 그런 동기가 혁신을 낳고 부단한 창조적 파괴로 이어지면서 경기가 순환하고 자본주의는 발전한다.

혁신의 바람직한 결과는 물론 이윤이다. 그러나 정상적 순환 궤도에서 탈주하는 것은 일종의 모험이다. 이 모험이 엄청난 이윤을 가져올지

막대한 손실을 가져올지는 아무도 모른다. 철저하게 준비하고 계획한 뒤에 예측되는 여러 가지 위험에도 불구하고 순환 궤도로부터 탈주하는 모험을 감행하는 것이 기업가에게 요구되는 자세다. 혁신과 기업가 정신이 자본주의를 꽃피운다. 그러나 슘페터는 《자본주의, 사회주의, 민주주의》에서 자본주의의 밝은 면만 이야기하지 않는다. 오히려 자본주의의 최종적인 미래에 대해 "자본주의는 잔존할 것인가? 아니다, 나는 그것이 가능하다고 생각하지 않는다"고 했다.

슘페터가 보기에 자본주의는 매력과 흥분에 휩싸인 기사들이 말을 타고 벌이는 창술 시합과 같은 것이었다. 그런데 이 창술 시합이 긴장과 열광의 분위기를 잃고 무미건조한 하나의 사업이 되어갔다. 자본주의는 눈부신 발전을 통해 경제 진보 자체를 자동기계화하여 발전의 추진력인 기업가의 역할을 무용지물로 만들어버린다. 독점기업에서 혁신이란 과거와 같이 기업가의 개인적 자질에 의해서 이루어지는 것이 아니라, 전문가가 사무실의 책상 위에서 기계화된 일상 업무로서 이루어내는 것이다. 기업가 정신이 기계화되면서 더 이상 혁신을 혁신이라 할 수 없는 단계, 즉 자본주의가 더 이상 도약할 수 없는 단계에 이른다. 슘페터는 하나의 비유를 들었다.

중세에 전쟁은 지극히 개인적인 사항이었다. 무장한 기사들은 평생을 단련하여 무예를 습득했고 그 무예로 평가받았다. 그 특수 기술이 하나의 사회계약에서 기초를 이루게 된 사정은 쉽게 이해할 수 있다. 그런데 사회적 기술적 변화는 그 계급의 기능과 지위를 밑받침하는 기초를 뒤엎고 드디어 그들을 파괴하고 말았다. …… 전쟁 그 자체는 없어지지 않았다. 다만 더욱더 기계화되었을 뿐이다.

과거의 전쟁에서는 장군의 개인적 판단과 용병술이 승패의 주요한 요인이었다. 장군은 지도자를 의미했고 승리는 장군의 개인적 성공을 의미했다. 그러나 지금은 전술과 용병술이 모두 기계화되어 지휘관은 복잡한 작전 기구 속의 일개 사무원으로 변해버렸다. 항상 정력적이던 기업의 기사들은 비기사적인 인물들로 대체되었고, 기업가는 상당액의 소득과 안정된 사회적 지위에 안주한 채 모험하던 시절과 무한한 부에 대한 욕망을 망각한다. 그래서 슘페터는 자본주의가 소멸할 것이라 예언했다. 기업 자체가 자본주의적 기질과 자본주의체제를 사수하려는 정열을 잃게 되면서 정신도 물질도 사회주의에 호의적인 분위기가 되어간다. 지지자를 잃은 자본주의는 드디어 다른 체제에 자리를 양보하지 않을 수 없게 된다.

슘페터의 예언이 정확한지, 정확하지 않은지는 아직 알 수 없다. 하지만 그의 생각은 독특한 흥미를 불러일으킨다. 슘페터는 자본주의경제에 관해 낙관적인 분석을 했다. 그럼에도 그는 비경제적인 이유로 자본주의가 소멸할 것이라고 예언했다. 경제학자로서 경제 발전 자체가 자

본주의의 운명을 결정하는 것은 아니라고 명시적으로 말한 것은 슘페터가 처음이었다.

사회주의가 대안인가

슘페터는 사회주의의 비민주성을 고발한다. 슘페터는 사회주의자들이 자기의 사상이나 이익에 도움이 되는 경우에만 민주주의를 내세우는 역사적 사례를 인용했다. 슘페터는 미숙한 자본주의 하에서 등장한 소련의 사회주의와 성숙한 자본주의 하의 사회주의로 사회주의를 나누었다. 그리고 영국의 개량주의적 사회주의를 높이 평가했다.

우리가 사례를 통해서 제시하려는 모든 특징을 영국에서 찾아볼 수 있다. 영국의 산업구조나 상업구조는 분명히 일거에 사회화를 성공시킬 정도로 성숙되어 있지 않다. …… 그러나 20세기 초부터 기업가적 노력이 현저하게 위축되었고 무엇보다 발전과 같은 주요 분야에서 국가 지도 내지 국가 통제를 모든 정당이 인정하고 요구해왔다. …… 그리고 영국 국민은 대체로 국가적으로 훈련되어 있다. …… 영국의 노동자는 잘 조직되어 있으며 일반적으로 책임 있게 지도되고 있다.

슘페터는 민주주의가 목적이 아니라 하나의 정치 방식이라고 강조한다. 민주주의가 어느 사회에서나 반드시 최상의 정치 방식인 것은 아니다. 민주주의적 방식이 효과적으로 작용하기 위해서는 여러 조건들이 필요하다. 민주주의가 갖추어야 할 조건들을 무시한 채 민주주의 그 자체를 최상의 가치로 이상화하면 안 된다. 그래서 슘페터는 사회주의체제는 민주주의 없이도 존재할 수 있고, 또 양자가 결합되어 존재할 수도 있다고 결론짓는다.

슘페터는 '창조적 파괴'를 통해 자본주의가 발전해나간다고 했다. 니체 역시 이 세계가 자기 파괴와 자기 창조를 한다고 말한다. 그러나 니체는 이 세계의 크기가 변하지 않기 때문에 창조와 파괴를 통해 세계가 발전하는 것이 아니라 순환할 뿐이라고 했다. 두 사람의 글을 읽고 '사회는 발전하는 것인지, 아니면 순환하는 것인지'에 대해 생각해보자.

◆ ◆ ◆

자본주의는 본질상 경제 변화의 한 형태이거나 방법이다. 자본주의는 결코 정체되어 있지 않을 뿐만 아니라 그럴 수도 없다. …… 일찍이 윤작(輪作), 쟁기질, 거름주기와 같은 합리적 농법부터 곡물 창고, 철도 등과 연계된 오늘날의 기계화된 방식에 이르기까지 농업 생산체계의 역사는 잇단 혁명의 역사였다. 대장간 화덕에서 오늘날의 용광로에 이르는 철강산업 생산체계의 역사도, 물레방아에서 현대적인 발전소에 이르는 전력산업 생산체계의 역사도, 역마차에서 비행기에 이르는 수송의 역사도 그러하다. 해외 또는 국내에서 새로운 시장의 출현과 철공소에서 미국의 대표적인 철강회사인 US스틸로의 발전 모두 산업적 돌연변이의 과정이다. 경제구조의 혁명이 내부에서 쉴 새 없이 일어나고 끊임없이 오래된 것을 부수며 멈추지 않고 새로운 것을 만들어낸다. 이러한 '창조적 파괴'의 과정은 자본주의의 본질적 요소다. 이것이 바로 모든 자본가가 주목해야 할 자본주의의 요체다. — 슘페터, 《자본주의, 사회주의, 민주주의》 중에서

◆ ◆ ◆

그대들은 내가 생각하는 '세계'가 무엇인지 아는가? 이 세계는 시작도 끝도 없는 거대한 힘이며, 더 커짐도 작아짐도 없이 청동처럼 단단히 고정된 크기의 힘이다. 이 힘은 고갈되지 않고 끊임없이 변화할 뿐이다. 전체로서 그 크기가 불변하며, 지출도 손실도 없고 증가도 수입도 없는 가계(家計)의 운영이다. …… 여기서는 쌓이고 저기서는 줄어든다. 스스로 휘몰아쳐 오고 스스로 휘몰아쳐 나가는 힘들의 바다다. 영원히 변화하고 영원히 되돌아온다. 오랜 회귀(回歸)의 세월 속에서 밀물과 썰물처럼 여러 가지 형태를 취한다. 가장 단순한 것으로부터 가장 복잡한 것으로 움직여 나아가고, 가장 고요하고 딱딱하고 차가운 것을 넘어 가장 뜨겁게 이글거리고 가장 사나우며 자기 자신에게 가장 격렬히 저항하는 것이 되었다가, 그다음에는 충만함으로부터 단순함으로 다시 되돌아온다. …… 나의 이 세계는 영원한 자기 창조와 영원한 자기 파괴의 세계이자 선과 악 저편의 세계다. 순환의 행복 이외에는 아무런 목적도 갖지 않으며, 원환(圓環)의 고리가 자기 자신에 대해 갖는 선한 의지 이외에는 어떤 의지도 없는 세계다.

– 니체, 《유고》 중에서

◆ ◆ ◆

5

자본주의는 히드라다

브로델 《물질문명과 자본주의》

서울대 사상고전 100선에 선정된 핵심 포인트

서양 근대 초의 경제적 삶을 물질문명, 시장경제, 자본주의의 3층 구도 속에서 파악한다. 물질문명은 자급자족의 하부경제이며, 그 위에 투명하고 규칙성을 지닌 교류의 장소인 '경제생활'이 있고, 맨 위에 불투명한 독점의 세계인 자본주의가 있다. 일상생활의 구조를 경제사에 결합시키고 자본주의를 특이하게 '반(反)시장'으로 보는 동시에 '세계 경제'라는 총체적 시각을 제공한다. – 최갑수 서울대학교 서양사학과 교수

포로수용소에서 쓴 박사 학위 논문

우리 주변에서 일어나는 행동은 수천 가지이지만 의도를 가지고 하는 행동은 많지 않다. 대부분의 일상적 행위는 우리가 의식하지 않은 동안 일어난다. 옛날부터 내려오는 수많은 행동이 무수히 되풀이되면서 우리 시대까지 이어졌다. 이런 습관적 행동은 우리를 도와주기도 하고 옥죄기도 하며 우리 대신 우리의 삶을 결정하기도 한다. …… 이처럼 수백 년 전의 과거는 아주 오래된 것이지만 여전히 살아 움직이며 현재까지 흘러왔다. …… 이 모든 것들이 물질문명이라는 용어로 파악하려 했던 내용들이다. …… 언제부터였는지 알 수 없을 만큼 오래된 역사, 200~300년 혹은 1000년 전에도 있었을 역사이지만 어느 순간 우리는 눈앞에서 옛 모습 그대로 살아 움직이는 역사 속에 살고 있다. 물질문명은 역사를 거치면서 인류의 삶과 결합해왔다. 마치 우리 몸속의 내장처럼 깊숙한 곳에 흡수되어 있다. 오래전부터 경험했기 때문에 너무나 당연한 것처럼 보인다. 그래서 아무도 눈여겨보지 않는다.

1976년에 브로델(Fernand Braudel, 1902~1985)이 미국의 존스홉킨스 대학교에서 했던 강연 내용이다. 브로델은 물질문명이 오래전부터 내려

온 것이어서 누구나 당연하게 여긴다고 했다. 우리가 먹는 쌀밥을 생각해보자. 우리는 왜 끼니때마다 자장면, 스파게티, 햄버거가 아니라 쌀밥을 먹을까? 아주 오랜 옛날부터 지금까지 쌀밥을 먹어왔기 때문에 누구도 쌀밥을 먹는 것을 이상하게 여기지 않는다. 이처럼 오래전에 형성되어 오늘날까지 이어지면서 일상이 되어버린 것을 브로델은 물질문명이라고 했다. 브로델은 물질문명이 우리 삶의 토대를 이룬다고 보았다.

브로델은 프랑스에서 태어나 파리 소르본 대학교에서 역사를 공부했다. 그는 제2차 세계대전이 일어나자 전쟁에 참여했다가 포로수용소에 갇혔다. 그는 포로 생활을 하면서 순전히 기억에 의지하여 16세기 지중해 지역의 역사에 대해 논문을 썼고, 전쟁이 끝난 2년 후인 1947년에 그 논문으로 소르본 대학교에서 박사 학위를 받았다. 1956~1968년에 브로델은 프랑스의 역사학자 뤼시앵 페브르(Lucien Febvre), 마르크 블로크(Marc Bloch)와 함께 〈아날(Annales)〉지 편집진이 되어 아날 학파를 형성하고 이끌었다. 아날 학파는 정치 외교적 사건을 중요시하는 소르본 학파에 대항하기 위해 만든 역사학파다. 아날 학파는 통계 등을 활용하여 한 시대의 일상생활과 상업을 꼼꼼하게 다루고자 했다. 이런 아날 학파의 특징이 잘 드러난 저서가 바로 브로델의 《물질문명과 자본주의(Civilisation materielle, economie, et capitalisme 15e~18e siede)》다.

교환이 문지방을 넘다

《물질문명과 자본주의》는 1967년에 출판되었다. 원제목은 '15~18세기 물질문명, 경제, 자본주의'다. 원제목이 보여주듯이 브로델은 15~18세기, 즉 1400년대에서 1700년대 사이의 유럽 역사를 물질문명, 경제, 자본주의의 순서로 다루었다. 브로델은 물질문명 위에 시장경제가 있고, 시장경제 위에 자본주의가 있다고 봤다.

《물질문명과 자본주의》를 이해하려면 15~18세기 유럽 역사에 대해 알아야 한다. 이 시기 유럽은 시대적으로 중세에서 근대로 넘어가는 이행기였다. 도시를 중심으로 상업활동을 통해 부를 획득한 시민계급이 출현했다. 시민계급은 상업활동을 방해하는 중세의 질서에 반대했다. 이에 반해 귀족들은 중세의 질서를 유지함으로써 특권적 지위를 누리면서 농민뿐만 아니라 시민계급에 대한 수탈을 강화하고자 했다. 시간이 지나면서 시민계급과 귀족 사이의 갈등이 깊어지는 가운데 절대왕정이 등장했다. 절대왕정은 귀족과 손을 잡고 중세의 질서를 유지하면서 상업에 대한 자유를 일정 부분 허용하여 시민계급을 자신의 편으로 끌어들이고자 했다.

스페인을 필두로 프랑스, 영국 등의 절대왕정은 발전한 항해술을 바탕으로 식민지 개척에 열을 올렸다. 절대왕정 국가들은 식민지 수탈을 통해 막대한 금과 은을 모았다. 그리고 이 무렵에 산업자본이 출현했다. 중세에는 가내수공업에 머물던 공업이 공장제수공업으로 발전하면서 자본-노동의 자본주의적 생산관계가 확대되어나갔다. 마르크스는 이 시기를 자본의 시초 축적 시대라고 불렀다.

브로델은 이 시대의 물질문명, 즉 일상생활을 지배한 것은 자급자족이라고 했다. 도시를 중심으로 상업과 공장제수공업이 발전하고 있었지만 대부분의 지역에서는 여전히 자급자족경제가 지배적이었다. 브로델은 물질문명을 건물에 비유해 1층이라고 했다. 브로델은 "교환이 문지방을 넘으면서" 1층 위의 2층, 즉 경제생활이 시작되었다고 했다. 자급자족과 다른 시장경제가 출현했다는 것이다.

물질문명과 경제생활이 만나는 접촉면은 연속적이지 않다. 이 두 세계는 무수히 많은 아주 작은 연결점으로 연결된다. 시장, 좌판, 상점 등이 그 연결점이다. 이 연결점을 경계로 두 세계가 나누어진다. 한쪽에는 경제생활이 있고 …… 다른 한쪽에는 물질문명, 즉 자급자족 생활을 하는 비경제생활이 있다. 교환이 문지방을 넘으면서 숙명적으로 경제생활이 시작되었다.

시장과 반대되는 곳에서 자본주의가 출현하다

그러면 자본주의는 어떻게 시작되었는가? 브로델은 시장경제와 자본주의를 구분했다. 건물로 비유하면 자본주의는 경제생활, 즉 시장경제의 위층이라고 했다. 브로델에 따르면 시장경제는 투명한 영역이다. 즉 시장경제는 수요와 공급과 가격이 행위자들의 예상대로 움직이기 때문에 놀랄 만한 일이 생기지 않는 영역이다. 시장이 투명한 이유는 특권을 가진 사람들이 아니라 시장을 규제하는 법규, 제도, 문화를 지키는 사람들이 참여하는 영역이기 때문이다. 시골의 재래시장, 도시의 상점, 행상 등이 시장의 영역이다. 규모가 큰 국제무역일지라도 오랫동안 일상화된 거래가 일어나 투명한 곳은 시장이다.

그런데 시장의 상층으로 가면 사정이 달라진다. 소수의 덩치 큰 선수들이 참여한다. 그 선수들은 영악한 술수를 부리고 힘을 휘두르며 법규나 규범을 무시하고 높은 이익을 독차지한다. 브로델은 경쟁의 원리가 작용하지 않는 시장의 상층부를 '반시장'이라고 했다. 이 영역은 시장이라고 할 수가 없다. 경쟁과 규범이 아니라 독점과 힘이 지배하는 곳이므로 시장경제와 정반대되는 곳이다. 브로델은 이 영역이 "옛날이나 지금이나 산업혁명 이전이나 이후나 자본주의가 존재하는 곳"이라고 말한다.

브로델이 말하는 덩치 큰 선수란 대형 상인을 의미한다. 대형 상인이 노는 곳은 아메리카 신대륙, 인도, 중국 등지를 오가는 원거리 무역이다. 브로델은 대형 상인들이 행사하는 경제적 힘의 원천을 두 가지로 보았다. 첫째, 대형 상인들은 생산자와 소비자 사이의 거리를 갈라놓음으로써 막대한 이익을 챙긴다. 둘째, 대형 상인들은 막대한 자금력을 가지고 있다. 특히 브로델은 첫 번째를 주요한 원천으로 보았다. 생산자와 소비자의 거리가 멀어질수록 규제와 간섭으로부터 벗어나기 쉽기 때문이다. 15~18세기 원거리 무역에 종사하던 대형 상인들은 200퍼센트가 넘는 이익을 독점함으로써 빠른 속도로 자본을 축적했다. 브로델은 이렇듯 소수가 독점 이익을 올리는 반시장의 영역에서 자본주의가 출현했다고 보았다.

자본주의는 경제 시스템이 아니다

자본주의에 대한 브로델의 주장은 독특하다. 자유주의 경제학이나 마르크스주의 경제학에서는 자본주의가 자유 시장경제를 바탕으로 한다고 본다. 또한 독점은 비정상적인 특수 현상이라고 본다. 그러나 브로델의 주장은 정반대다. 브로델에 따르면 자본주의는 자유로운 경쟁을 바탕으로 하지 않고 경쟁이 없는 반시장을 바탕으로 한다. 그러므로 독점은 경쟁의 특수한 형태가 아니라 참여자가 다른, 완전히 딴 세계일 뿐이다. 또한 브로델은 자본주의가 전체 사회 시스템의 꼭대기인 상층에 해당한다고 본다. 즉 자본주의는 '상부구조의 현상이고 소수의 현상이고 높은 곳의 현상'이다. 그래서 브로델은 말한다. "자본주의는 옛날이나 지금이나 이익이 콸콸 쏟아지는 곳에서만 존재한다. …… 달리 말하면 옛날이나 지금이나 산업혁명 이전이나 이후나 반시장이야말로 자본주의가 실제로 존재하는 곳이다."

브로델의 주장을 어떻게 이해해야 할까? 사실 브로델은 자본주의에 대해 명확하게 정의를 내리지 않는다. 브로델의 주요 관심사는 15세기부터 18세기까지 400년 동안 발견된 현상을 서술하는 것이었다. 그래서 브로델은 자본주의의 실체에 대해 정의를 내리기보다는 자본주의를 "머리가 100개쯤 달린 변화무쌍한 히드라 같은 존재"라고 했다. 히드라는 그리스 신화에 나오는 큰 뱀으로 머리가 아홉 개 달렸는데, 머리를 한 개 자르면 그 자리에 머리가 두 개 생겨났다고 한다. 브로델이 자본주의를 히드라에 비유한 이유는 자본주의를 어느 하나로 특정해서 정의 내리는 것은 오류라고 보았기 때문이다. 브로델은 자본주의를 경제 시스템으로만 이해하는 것에 반대했다. 브로델은 비록 자본주의가 경제 영역에 속하기는 하지만 사회의 다양한 영역에 침투하여 그 영역의 것들과 결합하는 방식으로 존재하는 실체라고 보았다. 그래서 자본주의를 머리가 100개 달린 히드라와 같다고 보았던 것이다.

히드라와 싸우는 헤라클레스. 헤라클레스가 히드라의 목을 하나 칠 때마다 두 개의 목이 새로 생겼다.

브로델은 자본주의가 히드라와 같은 이유를 이렇게 설명했다.

최악의 오류는 자본주의를 경제 시스템으로만 여기고 그 이상은 아니라고 생각하는 것이다. 하지만 자본주의는 사회질서를 통해 생존하면서 애초부터 육중한 상대였던 국가와 대등한 지위에서 맞서기도 하고 공모하기도 하는 존재다. 또 사회구조를 지탱해주는 문화의 역할도 이용한다. 왜냐하면 문화란 것이 서로 상충하는 조류로 나뉘고 불평등하게 분포하더라도 종국적으로는 기존 질서를 떠받치는 것이 그 본연의 역할이기 때문이다. 자본주의는 또한 여러 계급과 결탁한다. 지배계급은 자본주의를 방어함으로써 자신을 방어하게 된다.

브로델은 시장경제와 자본주의를 구분하여 시장경제는 수요와 공급의 법칙에 따라 가격이 결정되는 투명한 영역인 반면 자본주의는 독점과 힘이 지배하는 시장의 상층 영역에 존재한다고 했다. 박지원(朴趾源)은 조선 사회에서 독점의 폐단이 어떻게 나타나는지를 고발했다. 두 사람의 글을 읽으며 '경쟁과 독점'에 대해 생각해보자.

◆ ◆ ◆

조선은 배가 외국에 통하지 않고 수레가 나라 안에 다니지 못해서 온갖 재물이 제자리에 나서 제자리에서 사라집니다. 천 냥은 적은 돈이라 한 가지 물건도 독점할 수 없지만 천 냥을 열로 쪼개면 백 냥이 열이라 열 가지 물건을 살 수 있습니다. 단위가 작으면 굴리기가 쉽기 때문에 하나의 물건에서 실패를 보더라도 다른 아홉 가지의 물건에서 재미를 볼 수 있습니다. 이는 이익을 취하는 보통의 방법으로 조그만 장사치들이 하는 짓 아니겠습니까? 만 냥을 가지고 있으면 한 가지 물건을 독점할 수 있기 때문에 수레면 수레 전부, 배면 배 전부, 한 고을이면 한 고을 전부, 마치 촘촘한 그물로 훑어내듯 할 수 있습니다. 뭍에서 나는 만 가지 중에 한 가지를 슬그머니 독점하고, 물에서 나는 만 가지 중에 슬그머니 하나를 독점하고, 의원의 만 가지 약재 중에 슬그머니 하나를 독점하면 한 가지 물건이 한곳에 묶여 있는 동안 모든 장사치들이 고갈될 것이므로 이는 백성을 해치는 길이 될 것입니다.

– 박지원, 《허생전》 중에서

16세기 초반 서유럽에서 빵을 사고팔 때 값은 변하지 않고 빵의 무게만 변하는 현상이 나타났다. 당시 빵의 가격을 규제하는 정책이 실시되고 있었기 때문이다. 유럽의 다른 지역에서처럼 베네치아에서도 빵 가격을 규제하는 정책을 실시했는데, 이 정책에 대한 상인들의 반응으로 인해 빵의 가격과 무게 그리고 밀의 가격 간에 상관관계가 형성되었다. 밀의 가격이 오르면 빵의 무게가 줄고 밀의 가격이 내리면 빵의 무게가 늘어났다. 파리 지역에서도 마찬가지였다. 파리에서는 샤이이 빵, 코키에 빵, 그리고 브로드 빵이 거래되었는데, 빵의 가격은 고정되어 있는 반면 빵의 무게는 초기에는 각각 1, 2, 4리브르였지만 밀의 가격에 따라 무게가 변화했다. 그런데 16세기 후반 가격 규제 정책이 무게를 규제하는 정책으로 바뀌었다. 예를 들면 파리에서 거래되던 세 가지 빵의 무게는 각각 2분의 1, 1, 2리브르로 완전히 고정되었다. 이 시기부터 밀 가격에 따라 빵 가격이 변화하기 시작했다. 밀 가격이 오르면 빵 가격이 오르고 밀 가격이 내리면 빵 가격도 내렸다. 무게를 규제하는 정책에 대한 상인들의 또 다른 반응이었다.

– 브로델, 《물질문명과 자본주의》 중에서

2부

정치와 이념

한 코미디언이 한 정치인으로부터 고발당한 적이 있다. 그 코미디언이 선거 때만 굽실거리다 선거가 끝나면 안면을 바꾸는 정치인의 행태를 풍자했기 때문이다. 선거를 전후하여 나타나는 정치인의 행태에 대한 비판이 제기된 것은 이미 오래되었다. 정치인이 정치 자체를 목적으로 하기보다는 '국회의원'이라는 직업을 목표로 하면서 당선만 되고 보자는 행태가 나타났다.

독일의 사회학자 막스 베버는《직업으로서의 정치》에서 정치인은 먹고살 수단으로서, 즉 직업으로서 정치가 아니라 정치 자체를 위하는 정치를 하는 정치인이 되어야 한다고 말했다. 그런 면에서 정치인이 가져야 할 중요한 덕목으로 대의(大義)에 대한 헌신을 들었다. 이때의 대의는 정치적 이념을 바탕으로 세워지는 것이다. 이념(理念)은 이상적인 것으로 여겨지는 견해나 생각을 말한다. 따라서 이념은 사회집단의 생각과 행동을 제약하는 견해를 의미하는 이즘(ism)이나 이데올로기(ideologie)와 다르다. 이즘과 이데올로기는 자칫 편 가르기의 수단이 될 뿐이다.

2부에서는 정치 이념과 관련한 다섯 편의 글을 해설했다. 몽테스키외의《법의 정신》, 토크빌의《미국의 민주주의》, 황종희의《명이대방록》, 쑨원의《삼민주의》, 하이에크의《예종에의 길》이 그것이다. 다섯 편의 글은 동서양에 걸쳐 있고 시대나 사상의 차이를 보여주므로 국가에 대해 다양하게 생각해볼 수 있을 것이다.

몽테스키외는 프랑스 계몽주의 사상가로서 계몽주의 사상의 한 축을 이루는 사회계약론에 입각하여 자신의 주장을 펼쳤다. 몽테스키외는 입법, 행정, 사법의 삼권이 분립되어야 한다고 했고, 이 주장은 오늘날에도 민주주의의 기본적인 원칙이 되고 있다. 토크빌은 공화파에 속하는 인물로서 미국의 정치제도를 견학하고 그에 대해 글을 썼다. 토크빌은 미국의 민주제도가 자유를 보장해주지만 아울러 자유를 억압할 가능성이 있다고 주장했다. 황종희는 유학에 기초하여 정치사상을 전개했다. 군주의 폐단을 비판하고 군주와 신하가 협력관계에 있다고 주장했다. 쑨원은 일생을 중국 혁명에 바친 사람으로서 중국 혁명의 강령이라 할 수 있는 '삼민주의', 즉 민족주의, 민권주의, 민생주의를 밝혔다. 하이에크는 개인주의의 옹호자로서 국가의 개입과 간섭은 개인의 자유를 억압한다며 반대했다. 하이에크의 주장은 오늘날 신자유주의의 원조 격에 해당한다.

사상가마다 서로 다른 정치 이념을 제시하고 있지만 한 가지 공통점은 있다. 국민을 위한 정치를 해야 한다고 주장한다는 점이다. 그러므로 좋은 정치냐, 나쁜 정치냐를 판단하는 기준도 간단하다. 다수의 국민을 위한 정치냐, 아니면 소수 특권층을 위한 정치냐.

6

법은 인간관계의 반영일 뿐이다

몽테스키외 《법의 정신》

서울대 사상고전 100선에 선정된 핵심 포인트

'법의 정신 혹은 제법(諸法)이 각 정체의 헌법, 습속, 풍토, 종교, 상업들의 사이에 가질 관계 그리고 상속에 관한 로마법과 프랑스법 및 봉건법에 관한 신연구'라는 제목이 보여주듯이 당시의 합리주의적 방법에 반대하여 경험주의적, 실증적 방법을 채택하여 법률제도와 시대 환경의 관계를 논하고, 특히 그 방법을 국가론에 응용하여 정체를 구별하고 자유 보장책으로 권력분립을 주장하여 근대적 헌법의 지침이 되게 했다.

– 최병조 서울대학교 법학과 교수

계몽사상가
몽테스키외

그리스 신화에 나오는 정의의 여신 디케는 오른손에 칼, 왼손에 저울인 천칭을 들고 있다. 로마 신화에 나오는 정의의 여신 유스티티아는 안대로 눈을 가리고 한 손에는 칼, 다른 손에는 천칭을 들고 있다. 한 손의 칼은 단호함을 나타내고 다른 손의 천칭은 공평함을 나타낸다. 즉 단호하게 공명정대를 실현하는 것이 정의임을 보여주는 것이다. 우리나라 대법원 앞에는 정의의 여신상을 패러디하여 한복을 입고 한 손에는 법전, 다른 손에는 저울을 든 여인의 조각상이 서 있다. 누구에게나 공평하게 법을 적용한다는 것을 보여주기 위해서다. 그런데 과연 그런가? 이미 '유전무죄 무전유죄'가 우리 사회에서 통념이 된 지 오래다. 우리는 각종 비리에 연루된 고위층 인사들이 솜방망이 처벌만 받고 풀려나는 사례를 수없이 목격해왔다. 그럴 때마다 우리는 법이란 무엇인지 다시 묻게 된다.

몽테스키외(Charles de Montesquieu, 1689~1755) 역시 법이란 무엇인가를 물으며 탐구했다. 몽테스키외는 프랑스에서 태어났다. 몽테스키외가 살았던 시대를 흔히 '계몽주의 시대'라고 한다. 계몽주의 시대는 프랑스를 중심으로 인간의 이성을 믿고 이성에 반대되는 무지와 미신, 전통과 제도를 타파하여 진보를 꾀하려는 계몽사상이 발전했다. 몽테스키외는 계몽사상가였다. 법관이 되어 10여 년간 프랑스 법원의 주요 직책을 맡았고, 자신의 경험에 기초한 탐구로 1748년에 《법의 정신(De l'esprit des lois)》을 발표했다. 몽테스키외는 서문에서 《법의 정신》이 20년간에 걸친 탐구의 결과이므로 책 전체를 읽어달라고 독자에게 부탁했다.

정의의 여신 디케

하나의 소원이 있는데, 어쩌면 들어주지 않을지도 모른다. 소원이 무엇이냐 하면, 잠깐 읽어본 것만으로 20년의 탐구 결과를 판단하지 말라는 것이다. 이 책을 칭찬하건 비난하건 몇몇 구절에 구애받지 말기를 바란다. 만약 여러분들이 저자의 의도를 찾아내고자 한다면 이 작품 전체에서 찾아내는 수밖에 없을 것이다.

법은 인간관계의 반영이다

몽테스키외는《법의 정신》첫머리에서 법에 대해 정의를 내린다. "법은 가장 넓은 의미로 사물의 성질에서 생기는 필연적인 관계다. 그리고 이 의미에서 모든 존재는 자신의 법을 가진다. 신도 신의 법을 가지고 물질계도 물질계의 법을 가진다. 인간보다 상위에 있는 지적인 존재자도 자신의 법을 가진다. 짐승 역시 자신의 법을 가진다."

몽테스키외가 법을 관계로 보고 있다는 점에 주목해야 한다. 몽테스키외는 법을 어떤 추상적인 이념, 예를 들면 절대선, 절대 정신 등의 구현으로 보는 사고에 반대했다. 법은 관계다. 보다 엄밀히 말한다면 관계의 반영이다. 그러므로 인간 사회의 법은 인간관계의 반영이다. 이 주장이 법을 이해하기 위한 기초다. 몽테스키외는 법을 자연법과 실정법으로 분류한다. 사회가 성립되기 이전에 인간이 누리는 법이 자연법이고 사회가 성립한 이후 인간이 가지게 되는 법이 실정법이다. 몽테스키외가 설명하는 자연법과 실정법의 구분을 보자.

이 상태에서 각자는 자기가 열등하다고 느낀다. 그리고 서로 평등하기 때문에 서로 공격하려고 하지 않는다. 즉 평화가 제1의 자연법이다. …… 인간은 무기력하다는 감정에다 욕구의 감정을 결부시킨다. 즉 제

2의 자연법은 인간에게 먹을 것을 찾게 한다. 나는 두렵기 때문에 서로에게서 도망친다고 말했다. 그러나 두려움은 상호적이기 때문에 얼마 안 가서 인간들은 서로 접근한다. 게다가 인간은 동물이 같은 종류의 동물에게 접근하면서 느끼는 환희에 의해 접근하는 경향을 가진다. 더욱이 양성(兩性)이 서로 다름으로써 서로에게 주는 매력은 이 환희를 증가시킨다. 인간이 늘 서로를 원하는 자연적 바람이 제3의 자연법이다. 인간은 감정 외에도 점차로 지식을 갖게 된다. 그리하여 인간은 다른 동물이 갖지 못한 제2의 유대감을 갖는다. 인간은 서로를 결합하려는 새로운 동기를 갖게 된다. 사회생활을 하려는 욕망이 제4의 자연법이다. …… 인간은 사회에 들어오자마자 자신들이 무기력하다는 감정을 잃어버린다. 인간들 사이의 평등은 소멸하고 전쟁 상태가 시작된다. 각각 특수한 사회가 그 힘을 느끼게 된다. 그 결과 국민과 국민 사이에 전쟁 상태가 생겨난다. 각 사회에서 개인은 그 힘을 느끼기 시작한다. 개인들은 그 사회의 주요한 이익을 자기편에 유리한 방향으로 돌리고자 한다. 그 결과 상호 간에 전쟁 상태가 생긴다. 이 두 가지 전쟁 상태가 인간들 사이에 법을 성립시킨다. 지구상에 서로 다른 여러 백성이 살고 있기 때문에 인간은 백성들 상호 간의 관계에서 나오는 법을 가진다. 이것이 만민법이다. 한 사회의 일원으로서 인간은 통치자와 피통치자의 관계에서 나오는 법을 가진다. 이것이 정치법이다. 인간은 또한 시민 상호 간의 관계에서 나오는 법을 가진다. 이것이 시민법이다.

자연법과 실정법에 대한 설명에서 몽테스키외가 법을 인간 사이의 관계로 파악하고 있다는 점을 다시 한 번 확인할 수 있다. 자연법은 원시시대의 인간관계, 실정법은 고대 이후 사회의 인간관계와 일치한다. 또한 몽테스키외에 따르면 법은 세계의 모든 백성을 지배하는 한, 인간 이성이다. 정치법과 시민법은 인간 이성이 적용되는 특수한 경우에 지나지 않는다. 그런 법은 각각의 국민에게 고유한 것이다. 따라서 한 국가의 법이 다른 국가의 국민에게 적합하다면 그것은 우연이다. 법은 사람들이 성립시키고자 하는 정치 형태의 성질 및 원리와 연관된다. 뿐만 아니라 법은 국가의 위치 및 기후와 연관되고, 또한 토지의 성질 및 크기는 물론 국민들의 생활양식, 즉 국민들이 농사를 짓는지 목축을 하는지 등과도 연관된다. 그리고 법은 자유의 정도, 주민의 종교와 성품, 재부(財富), 주민 수, 상업, 관습과도 연관된다. 이렇듯 몽테스키외는 법이 인간의 삶은 물론이고 인간 사이의 모든 관계와 연관된다고 보았다. 이것이 몽테스키외가 말하는 '법의 정신'이다.

법은 쉬워야 한다

몽테스키외의 사상 중에서 가장 유명한 것이 삼권분립이다. 몽테스키외는 먼저 자유에 대해 고찰한다. 자유라는 말은 여러 의미를 갖고 있다. 몽테스키외는 법이 존재하는 사회에서 자유란 바라는 것을 할 수 있는 반면 바라지 않는 것을 강제당하지 않는 것이라고 말한다. 즉 자유란 법이 허용하는 것을 행하는 권리다. 따라서 헌법은 어떤 사람도 법에 명시되어 있지 않은 것을 하도록 강제당하지 않게 해야 한다. 그 관건이 되는 것이 권력 남용의 방지이고, 그래서 몽테스키외는 삼권분립의 필요성을 역설한다.

모든 국가는 스스로 자기를 지킨다는 일반적인 목적과 아울러 특수한 목적을 가진다. 영토 확장은 로마의 목적이었고 전쟁은 스파르타의 목적이었다. 종교는 유대법의 목적이었고, 상법은 마르세유의 목적이었으며, 공공의 안정은 중국 법의 목적이었고, 항해는 바이킹의 목적이었으며, 자연의 자유는 야만인의 목적이었다. 일반적으로 군주의 쾌락은 전제 국가의 목적이고, 군주의 영예와 국가의 영예는 군주정의 목적이었다. 각 개인의 독립이 폴란드 법의 목적이지만 그 결과로 나타난 것은 모든 사람에 대한 압박이다.

세계적으로 볼 때 정치적 자유를 헌법의 직접 목적으로 삼고 있는 하나의 국민(영국 국민)이 있다. 우리는 그 국민이 자유를 내세우는 데 기초가 되는 원리가 무엇인가를 검토하기로 하자. 그 원리가 좋으면 자유는 거울에 비치는 것같이 그곳에 명료하게 나타날 것이다. 각 국가에는 삼권의 분립이 있다. 입법권, 만민에 관한 사항을 집행하는 권력, 시민권에 관한 사항을 집행하는 권력이 그것이다.
제1의 권력에 의해 군주나 집정관은 일시적 또는 항구적인 법을 만들고, 또 제정한 법을 개정하거나 폐지한다. 제2의 권력에 의해 군주나 집정관은 다른 나라와 평화를 유지하거나 전쟁을 하거나 대사를 파견한다. 또한 치안을 유지하고 침략에 대비한다. 제3의 권력에 의해 군주나 집정관은 범죄자를 처벌하고 개인 간의 소송을 재판한다. 사람들은 이 마지막 것을 재판권이라고 부르며, 나머지를 국가의 집행권이라고 부른다.
동일한 군주나 집정관의 수중에 입법권과 집행권이 주어지면 자유는 존재하지 않는다. 왜냐하면 동일한 군주나 원로원이 폭정의 법을 만들고 집행할 염려가 있기 때문이다. 또한 재판권이 입법권과 집행권으로부터 분리되어 있지 않으면 역시 자유는 존재하지 않는다. 만약 재판권이 입법권과 결합하면 시민의 생명과 자유에 대해 권력은 자의적으로 될 것이다. …… 만일 동일한 인간이나 귀족, 국민 가운데 동일한 한 집단이 이 세 가지 권력, 즉 법을 만드는 권력, 공공의 의결을 집행하는 권력, 범죄나 개인의 소송을 재판하는 권력을 행사하게 되면 모든 것이 상실된다.

법은 국민의 자유를 보장하기 위해 존재한다. 이것이 몽테스키외가 말하는 '법의 정신'이다. 그런데 우리나라 법률을 보면 일반인들이 제대로 이해할 수 없는 경우가 많다. 어려운 말들로 이루어져 있기 때문이다. 국민의 자유를 지키는 것이 법이라면 일반 국민이 이해할 수 없는 법 자체가 이미 국민의 자유를 억압하는 것이다. 그래서 입법자들은 몽테스키외의 다음 말을 반드시 되새겨야 한다.

> 법의 문체는 쉬워야 한다. 직접적인 표현은 언제나 완곡한 표현보다 이해하기 쉽다. 그런데 비잔틴제국의 법에는 위엄이 없고, 왕이 천한 변사처럼 지껄이고 있다. 법의 문체가 과장되어 있으면 사람들은 법을 허세의 창작물로밖에 보지 않는다.

몽테스키외는 삼권분립을 주장했다. 삼권이 분립되지 않는다면 국민들은 자유를 얻지 못할 것이기 때문이다. 공자는 정치가 올바름이라고 말하며, 지도자의 행실에 따라 백성들이 달라질 것이라고 했다. 다음의 두 글을 읽고 정치에서 '지도자의 자질과 권력의 분립'에 대해 생각해보자.

◆ ◆ ◆

입법권과 행정권이 한 사람에게 집중된다면 사람들의 자유는 없어진다. 왜냐하면 사람들은 군주가 전제적인 방법으로 법을 제정하고 집행할 것이라는 두려움을 가질 것이기 때문이다. 마찬가지로 사법권이 입법권과 행정권에서 분리되지 않는다면 사람들의 자유는 없어진다. 사법권이 입법권과 결합하면 재판관이 입법권자가 되는 것이므로 사람들의 삶과 자유는 자의적인 지배에 시달리게 될 것이다. 또한 사법권이 행정권과 결합한다면 재판관은 폭력적이고 억압적으로 행동할 것이다.

– 몽테스키외, 《법의 정신》 중에서

◆ ◆ ◆

◆ ◆ ◆

계강자(季康子)가 공자께 물었다. "백성들이 스스로 경건하게 되고, 또한 충성스럽고 부지런하게 힘쓰게 하려면 어떻게 해야 합니까?" 공자가 대답했다. "당신 스스로 장엄하게 하여 백성을 대하면 그들도 경건해질 것이고, 스스로 효성스럽고 자애로우면 백성들도 충성스러워질 것입니다. 선한 사람을 등용하고 부족한 사람을 잘 가르치면 백성들이 스스로 부지런히 힘쓰게 될 것입니다." 계강자가 공자께 정치가 무엇인지 물었다. 공자가 대답했다. "정치란 곧 올바름입니다. 당신이 올바름으로써 인도해나간다면 누가 감히 올바르지 않겠습니까?" 계강자가 도둑 떼를 근심하여 공자께 그 대책을 물었다. 공자가 대답했다. "진실로 당신부터 탐욕을 부리지 않는다면 백성들은 비록 상을 준다고 해도 도둑질하지 않을 것입니다." 계강자가 공자께 정치에 대해 물었다. "만일 부도덕한 자들을 다 죽여서 도가 있는 세상을 만든다면 어떻겠습니까?" 공자가 대답했다. "계강자께서는 정치를 하신다면서 어찌 사람을 죽일 궁리를 하십니까! 먼저 당신이 착해진다면 백성들도 착해질 겁니다. 군자는 바람과 같고 소인은 풀과 같습니다. 풀 위로 바람이 불면 풀은 바람 부는 대로 기울어지게 마련입니다."

– 공자, 《논어》 〈안연(顏淵)〉 중에서

◆ ◆ ◆

7

인류의 다수파에 따르라

토크빌 《미국의 민주주의》

서울대 사상고전 100선에 선정된 핵심 포인트

근대 시민혁명의 산물인 민주주의와 자유의 관계를 미국의 사례와 관련시켜 규명하고 있는 이 책은 근대 민주주의의 문제점과 가능성을 가장 깊이 있게 분석한 자유주의의 현대적 고전에 속한다. 이 책에서 토크빌은 민주주의가 오히려 '다수에 의한 전제'를 가져와 '개인적 자유'를 위협하는 요인이 될 수 있음을 경고하면서 새로운 민주적 자유체제의 수립 가능성을 미국 사회에 대한 분석과 관련시켜 모색하고 있다.

– 김세균 서울대학교 정치학과 교수

토크빌, 예언을 하다

오늘날 세계에는 서로 다른 곳에서 출발했지만 같은 목적지로 향하는 것처럼 보이는 두 나라가 있다. 바로 러시아와 미국이다. 두 나라는 모두 눈에 띄지 않게 성장했다. 인류가 다른 곳에 관심을 두고 있는 사이에 두 나라는 돌연 세계 각국의 선두 대열에 뛰어들었다. 그래서 세계는 두 나라의 존재와 거대성을 동시에 알게 되었다. 다른 모든 나라는 이제 자연적 한계에 이른 것으로 보인다. 다만 자신들의 힘을 유지하고 있는 정도다. 그러나 미국과 러시아는 아직도 성장하고 있다. 다른 모든 나라는 발전이 멈추었거나 혹은 발전을 계속하는 것에 커다란 어려움을 겪고 있다. 미국과 러시아만이 빠르게 전진하고 있고 그들이 가는 길은 끝이 없다. 미국은 자연이 가로막은 장애와 싸우고 있고 러시아는 인간과 싸우고 있다.

미국은 넓은 광야 그리고 야만 생활과 싸우고 러시아는 모든 무기를 동원하여 문명과 싸운다. 그러므로 미국인은 농기구로 쟁취하고 러시아인은 총칼로 쟁취한다. 미국의 국민은 개인적 이익을 추구하여 목적을 달성한다. 그리고 국가는 국민이 힘과 상식을 자유롭게 발휘할 무대를 제공한다. 러시아는 사회의 모든 권력을 한 손에 집중한다. 미국의 주요 무기는 자유이고 러시아의 주요 무기는 예속이다.

미국과 러시아는 출발점도 다르고 가는 길도 서로 같지 않다. 그러나 두 국가는 조물주의 뜻에 따라 지구를 절반씩 나누어 운명을 좌우하도록 예정된 것 같다는 생각이 든다.

토크빌(Alexis Charles Henri Maurice Clérel de Tocqueville, 1805~1859)은 1840년에 발표한 자신의 주저 《미국의 민주주의(Démocratie en Amérique)》에서 미국과 러시아에 대해 예언했다. 토크빌의 예언대로 20세기에 미국과 러시아는 지구를 반쪽으로 갈라 세계의 판도를 좌우했다. 이 두 나라 가운데 토크빌의 관심은 당연 미국이었다. 미국은 국민의 자유를 바탕으로 하여 자연과 싸우고 있다고 보았기 때문이다.

토크빌은 프랑스 파리에서 태어났다. 토크빌이 살았던 시기에 프랑스에서는 혁명과 반혁명이 교차했다. 토크빌은 1839년부터 1851년까지 국회의원을 지냈는데, 이 시기는 프랑스 역사에서 매우 중요한 시기였다. 1848년 2월 파리에서 노동자 봉기가 일어나 7월 왕정이 타도되었다. 이 시기에 토크빌은 부르주아 공화파로서 활동을 했다. 부르주아 공화파가 권력을 잡자 토크빌은 외무부 장관으로 활동했지만 1851년에 루이 나폴레옹이 쿠데타를 일으켜 권력을 잡은 후 외무부 장관에서 축출되었다. 토크빌은 본격적으로 정치에 뛰어들기 몇 년 전인 1831년에 친구인 귀스타브 드 보몽(Gustave de Beaumont)과 함께 미국 여행을 했다. 여행의 목적은 그 당시 오직 하나뿐인 민주국가를 직접 관찰하고자 하

영국의 지배를 벗어나 독립을 선언하는 미국 시민들

는 것이었다. 이 여행은 10개월간 계속되었다. 두 친구는 미국의 여러 주를 둘러보고 미시간 호 연안의 원시림 지대까지 여행을 했다. 이 여행에서 두 사람은 생명의 위협을 받는 고초를 겪기도 했다. 한번은 증기선이 좌초하는 바람에 토크빌은 심한 오한을 겪었는데 그로 인해 폐가 약해졌다. 《미국의 민주주의》는 토크빌이 이때 직접 목격한 것을 바탕으로 쓴 저서다.

평등이 자유를 위협한다

토크빌은 민주주의혁명과 산업혁명의 시대를 살았다. 토크빌은 이 두 혁명으로 평등의 시대가 도래할 것이라고 보았다. 1792년의 프랑스 대혁명으로 중세의 신분적 질서는 무너졌다. 그리고 급격한 산업혁명에 따른 자본주의의 발전은 모든 신분적 질서의 붕괴를 촉진했다. 자본주의의 발전은 자유로운 신분의 노동자를 필요로 했기 때문이다. 토크빌은 평등 시대의 도래가 인류의 진보와 번영을 약속하는 새로운 가능성을 열어줄 것으로 보았다. 동시에 토크빌은 평등의 시대가 자유를 위협할 수도 있음을 경고했다. 신분적 질서에서 해방된 국민들이 오히려 국가권력에 의존하려 할 것이라 보았기 때문이다. 즉 토크빌은 국민들이 '노예 상태에서의 평등'을 받아들일 수 있다고 보았다.

토크빌의 우려는 현실로 나타났다. 《미국의 민주주의》가 발간된 지 13년이 지난 1848년 2월에 프랑스에서 다시 혁명이 일어났다. 이 당시 토크빌은 자유주의파 국회의원으로 활동하고 있었다. 혁명은 1851년에 루이 나폴레옹이 쿠데타를 일으켜 독재체제를 구축함으로써 끝이 났다. 실의에 빠진 토크빌은 루이 나폴레옹에 대해 "국민의 동의 없이 국민의 이름으로 모든 권한을 행사하는" 권력자라고 비판했다. 그리고 루이 나폴레옹 체제를 '민주적 전제주의'라고 했다. 그러나 국민들은 루이 나폴레옹의 독재를 지지했다. 국민들은 '노예 상태에서의 평등'을 받아들인 것이다.

토크빌은 이미 《미국의 민주주의》에서 '민주주의의 탈을 쓴 독재'의 출현을 경고한 바 있다. 물론 토크빌은 루이 나폴레옹의 쿠데타를 예언한 것은 아니었다. 토크빌은 시민들의 정치적 무관심에 편승하여 권력이 중앙에 집중되면서 독재가 출현할 것이라고 했다. 권력의 집중은 관료 조직의 비대화를 낳는다. 권력의 권한이 강해짐에 비례하여 공직자의 수도 또한 증가한다. 공무원은 국가 안의 국가를 형성하여 권력의 안정성을 유지하면서 귀족의 지위를 누리려 한다. 그래서 토크빌은 관료주의의 위험에 대처하기 위한 제도를 제시했다. 선출직 공무원으로 구성된 제2급 행정기관, 독립된 법원, 신문의 자유, 의회의 불가침 등이 그것이다.

쿠데타에 의한 독재의 출현이든 관료주의에 의한 독재의 출현이든 국민을 약화시킨다. 토크빌은 이렇게 말했다.

> 나는 통치자들이 큰 인간이 되기 위해 좀 더 노력하기를 바란다. 다시 말하면 통치자들은 일보다 일꾼에게 더 가치를 두기 바란다. 국민 개개인이 약하면 어떤 국가도 오랫동안 강할 수 없다. 비겁하고 연약한 시민의 공동체를 강력한 국민으로 만들기 위한 어떤 방법도 어떤 정책도 아직 발명된 일이 없다는 것을 통치자들이 절대로 잊지 않기

를 바란다.

독재정치로 국민을 약하게 만들면 다시 그 국민을 강하게 만들 방법이 없다. 그래서 토크빌은 자유를 중요시했다. 민주주의는 자유의 실현이어야 하고, 자유의 실현은 제도로 구체화되어야 한다.

정치과학적 연구의 시초

자유는 프랑스 대혁명을 통해 쟁취한 가치다. 토크빌은 자유가 프랑스 국민만의 가치가 아니라 인류 보편적인 가치라고 했다. 평등이 거스를 수 없는 대세가 되어 있는 시대에 반드시 뿌리내려야 할 정치 원리가 자유다. 그러면 자유와 평등을 어떻게 조화시킬 것인가? 토크빌은 그 답을 미국의 법과 제도에서 찾으려 했다.

미국에 머무는 동안 나는 사람들 사이의 평등에 강한 인상을 받았다. 나는 이 평등이 사회의 전 분야에 엄청난 영향을 주고 있음을 발견했다. 평등 의식이 여론의 방향을 결정하고, 법률 속에 반영되어 있다. 그리고 통치자들은 국민들의 평등에 유념하고 있으며, 국민들은 평등한 생활에서 익힌 습관을 가지고 있다.

토크빌이 보기에 미국의 국민들은 평등하면서도 또한 자유를 누리고 있다. 그래서 토크빌은 미국의 법과 제도에서 자유와 평등의 조화를 찾을 수 있다고 보았다. 미국에는 지방자치가 활성화되어 있고, 다양한 성향의 정치집단이 자유롭게 활동했으며, 시민들 역시 자발적으로 집단적 활동에 참여했다. 토크빌은 지방자치의 활성화, 정치집단의 자유로운 활동, 시민들의 자발적 참여가 권력의 집중을 막고 자유를 실현할 수 있는 장치라고 생각했다. 또한 토크빌은 미국의 사법제도가 시민들의 공동체 의식을 높여준다고 보았다. 배심재판제도는 시민들이 자신들의 이익과 직접 상관없는 사안에 대해 공동체 전체의 입장에서 판단할 수 있게 한다. 그러므로 시민들은 배심재판제도를 통해 개인주의적 이기심을 억제하고 공동체 의식을 높일 수 있다.

토크빌이 그 당시 유럽에는 생소했던 미국의 제도를 소개한 이유는 미국의 제도를 도입할 필요성을 제기하기 위해서였다. 토크빌은 "보편적인 법은 전체 인류의 다수파에 의해서 만들어진다"고 했다. 인류의 다수가 지지할 수 있는 가치를 담은 법이 보편적인 법이라는 말이다. 보편적인 법은 세계 어느 곳에서나 도입되어야 한다. 토크빌은 당대 미국의 법을 보편적인 법으로 보았다.

그렇다고 토크빌이 미국의 법과 제도를 찬양만 한 것은 아니었다. 토크빌은 미국의 민주주의에서 민주주의를 위협할 가능성이 있는 요소들도 발견했다. 다수의 횡포와 국가권력의 비대화, 독재정치 출현, 관료제의 등장 등에 대한 경고는 토크빌이 매우 냉철하게 미국의 정치제도를 관찰했음을 보여준다. 토크빌의 경고는 오늘날에도 여전히 민주주의를 위협하는 경구로 남아 있다. 이런 현재성에 《미국의 민주주의》의 가치가 있다.

영국의 철학자 존 스튜어트 밀(John Stuart Mill)은 《미국의 민주주의》에 대해 이렇게 평가했다.

이 책은 민주주의가 현대 사회에 나타나는 모습 그대로를 처음으로 논한 이론적 저서다. 이 책에서 밝힌 주요 원리에 대해 앞으로 여러 세대가 어느 정도 수정을 할 수는 있지만 아무도 그 전체를 뒤집을 수 없다. 또한 그 정신과 주제를 다루는 일반적인 방식은 정치과학적 연구에서 새로운 시대의 시초를 이룬다.

토크빌은 민주주의에서 다수의 횡포가 나타날 수 있음을 경계했다. 다수가 소수의 의견과 권리를 무시하고 자신들만의 이익을 추구할 수 있다는 것이다. 조선의 문신 이이는 임금에게 올린 상소를 통해 여러 사람의 의견을 들어야 함을 강조했다. 공공선에 입각한 공론을 형성해야지 자기의 이익만 추구하는 중론을 따라가서는 안 된다는 것이다. 두 사람의 글을 읽고 '민주주의에서 나타날 수 있는 문제점'에 대해 생각해보자.

◆ ◆ ◆

펜실베이니아 사람에게 물었다. "왜 이곳에서는 흑인들이 시민권을 행사하지 못합니까? 그들도 세금을 내는데, 투표할 권리가 없습니까?" 그가 대답했다. "아니요, 흑인도 투표할 권리를 가지고 있습니다."
"그런데 오늘 아침 투표장에서 단 한 명의 흑인도 볼 수 없는 이유는 무엇입니까?" 그 미국인이 대답했다. "법의 문제가 아닙니다. 흑인들은 투표장에 나타날 권리를 가지고 있지만 스스로 모습을 드러내기를 꺼리는 것입니다."
"그 말은 흑인들에게 상당히 모욕적인 것 같군요." 다시 그가 대답했다. "아, 물론 그들이 꺼리는 것은 아닙니다. 다만 그들은 학대받을 것을 두려워합니다. 우리에게 이런 일은 종종 일어납니다. 다수가 지지하지 않으면 법은 강제력을 가질 수 없습니다. 다수는 흑인들에 대해 상당한 편견을 가지고 있습니다. 치안판사들은 흑인들에게 부여된 권리를 보호해야 한다고 생각하지 않습니다."

"이런! 법을 만들 권한을 가진 다수가 법을 위반할 권한도 갖기를 원하는군요."

– 토크빌, 《미국의 민주주의》 중에서

◆ ◆ ◆

언로(言路)를 넓혀 여러 사람들의 계책을 모아야 합니다. 임금이란 작은 한 몸을 가지고 만백성 위에 위치하고 있으므로 귀로 모든 것을 다 듣기에 부족하고 눈으로 모든 것을 다 보기에 부족하기 때문입니다. 인심이 함께 옳다 하는 것을 '공론'이라 하고, 공론을 담은 것을 '국시(國是)'라 합니다. 국시란 한 나라의 사람들이 모두 함께 옳다 하는 것이니 이익으로 유혹하는 것도 아니고 위엄으로 무섭게 하는 것도 아니면서 삼척동자도 그 옳은 것을 아는 것이 곧 국시입니다. 세간에 공론이 가득 차야 왕도정치(王道政治)가 이룩될 수 있으며, 만약 공론 아닌 '중론'이 세상을 돌아다니면 나라가 망하게 됩니다. 공론은 공동선으로 뒷받침된 올바른 의견이지만 중론은 자기 이익만을 주장하는 잘못된 의견입니다. 마음으로는 옛날 법도를 사모하고 몸으로는 유학의 행실을 실천에 옮기고 입으로는 올바른 도리를 말함으로써 공론을 유지하는 자를 '사림'이라고 하옵니다. 사림이 조정에 참여하면 나라가 잘 다스려지고, 사림이 조정에 없어서 사업 수행이 허황된 말에 좌우되면 나라가 어지러워지옵니다.

– 이이, 〈만언봉사(萬言封事)〉 중에서

◆ ◆ ◆

8

군주는 나그네일 뿐이다

황종희 《명이대방록》

서울대 사상고전 100선에 선정된 핵심 포인트

현군(賢君)이 나타나서 현자(賢者)에게 치도(治道)에 관해 묻는다면 치도를 설명하겠다는 뜻을 가진 《명이대방록》은 맹자(孟子)의 민본주의(民本主義)와 명대 지식인 결사인 동림파(東林派)와 부사(復社)의 현실 비판 정신에 입각하여 명말의 현실 정치에 대한 비판과 시폐(時弊)에 대한 시정책을 제시했다. 군주론, 신하론, 법제론, 재상론, 관리선발론, 재정론 등 치국에 관련된 정책론이 이 책의 내용을 이루고 있다. 전제군주제 하에서 군주권을 억제하고 민권을 중시하는 한편 학교의 의정기관화, 지식인의 정치운동 용인 등을 주장했다는 점이 탁월하다. – 박한제 서울대학교 명예교수

명나라를 다시 세우는 꿈이 사라지다

황종희(黃宗羲, 1610~1695)는 명나라 말기에 태어나 청나라 초까지 살았던 중국의 학자다. 황종희의 출생과 성장 그리고 활동과 사망에는 어두운 역사의 그림자가 드리워져 있다. 황종희를 살펴보려면 무엇보다 이 '어두운 역사의 그림자'를 먼저 살펴보아야 한다. 왜냐하면 황종희의 사상은 바로 이런 배경 속에서 만들어졌기 때문이다. 그도 다른 모든 위대한 학자와 사상가처럼 결국은 '시대의 아들'이었다. 황종희가 살았던 시대의 명나라는 거의 통치 능력을 상실하기 직전이었다. 무엇보다 정치가 극도로 문란했다. 명나라는 중기를 넘어서면서 환관 외의 몇몇 권문세가가 정권을 장악하고 휘둘렀다. 특히 환관의 횡포는 일찍이 다른 왕조에서 찾아보기 힘들 정도였다. 환관들은 왕을 자기 손 안에 넣고 주물렀으며, 이를 배경으로 모든 관리들을 통제했다. 다음으로 국가 재정이 파탄 났다. 명나라 말기에는 조선의 임진왜란에 참전하는 등 이른바 만력 연간(명나라 신종이 다스리던 1573~1619년)의 '3대 정벌 전쟁(역사적으로는 '3대정'이라고 부름)'으로 재정이 압박을 받았다. 여기에 더하여 각 지방의 반란을 평정하고 궁전과 황실 묘를 건축하고 황자를 결혼시키는 등으로 막대한 돈이 지출되면서 국고는 텅 비어버렸다. 이에 명나라 조정은 재정관과는 별도로 환관을 각 지역에 파견하여 강제로 세금을 늘려 거두어들였다. 이 때문에 각 지방에서는 반란이 일어나고 명 왕조는 더 이상 이를 통제하지 못하는 지경에 이르렀다. 결국 명나라는 1644년 이자성(李自成)의 반란으로 베이징이 함락되고 황제 숭정제가 자살하면서 멸망했다.

명나라를 대체한 왕조는 청나라였다. 만주족은 1616년 청나라를 세우고 명나라를 압박했다. 1644년 이자성에 의해 명나라가 멸망하자 청나라가 이자성을 공격하며 베이징으로 입성했다. 명나라의 멸망과 청나라의 득세는 한족 학자들에게 커다란 굴욕이었다. 한족 학자들은 중화의식으로 항상 자부심이 대단했는데, 한족이 결국 야만인인 만주족에게 무릎을 꿇었던 것이다. 이에 청나라에 맞서 각 지방에서는 의용군이 조직되고 의식 있는 선비들이 참가하여 저항을 했다. 선비들은 청나라가 들어섰어도 결코 이민족의 국가를 인정하지 못하고 가슴속에는 명나라를 다시 부흥시키겠다는 꿈을 품었다. 그러나 명나라 부흥이 불가능하다는 사실이 확실해지자 상당수의 선비들이 세상에 나가는 것을 포기하고 초야에 묻혀 학문에만 전념하게 되었다. 역사적으로 이들은 유신, 유민, 유노 등으로 불린다. 황종희와 더불어 명말 청초의 유명한 학자였던 고염무(顧炎武)의 일화는 너무나 유명하다. 고염무의 어머니는 청나라에 반대하여 남경에서 끝까지 저항운동에 참여했다. 그런데 남경이 청나라 군에 함락되자 15일간 단식하다 죽으면서 아들에게 "독서하고 은거하며 두 임금을 섬기지 말라"는 유언을 남겼다. 고염무는 어머니의 뜻에 따라 평생 초야에 묻혀 학문에만 전념하고 결코 벼슬길에 나서지 않았다. 고염무의 학덕이 높아 청 왕조에서는 몇 번이나 등용하려 했지만 고염무는 한사코 거절했다.

학문에만 전념하다

황종희는 암울했던 명말 청초의 역사를 온몸으로 겪으면서 성장했다. 어렸을 때인 1616년에 청나라가 건국되었고 장년이 된 1644년에 명나라와 청나라가 교체되었다. 황종희는 명나라의 정치적 혼란을 집안 내력 때문에 더욱 절실히 느꼈다. 황종희의 아버지 황존소(黃尊素)는 어사의 직책에 있으면서 동림파에 속했던 인물이었다. 황존소는 환관의 폭정을 바로잡기 위해 노력했지만 오히려 환관에 의해 파면되고 감옥에 갇혀서 비참한 최후를 맞았다. 황종희의 나이 열여섯 살 때였다. 비록 혼란기였지만 황종희는 학문 연구를 게을리하지 않았다. 그는 유학 경전과 역사책, 제자백가의 사상서를 광범위하게 읽고 학문적 토대를 쌓아나갔다.

명나라가 망하자 황종희는 의용군을 조직하여 청나라에 맞서 싸웠다. 1663년에 완성한 《명이대방록(明夷待訪錄)》은 명나라를 부흥시킬 수 있다는 강한 열망과 희망에서 나온 책이었다. 그러나 대세는 이미 기울었고 황종희의 꿈은 영원히 사라져버렸다. 청나라가 완전히 자리를 잡고 명나라 부흥의 꿈이 사라지자 황종희는 고향에서 오로지 학문에만 전념했다. 황종희의 학문이 높고 영향력이 있었기 때문에 청나라 왕조에서는 관리로 등용하려 했다. 청나라 왕조가 한족에 대한 회유 정책으로 실시한 특별 임용으로 황종희는 '박학홍유(博學鴻儒: 학문이 넓고 위대한 유학자)'에 천거되어 관직에 나갈 수도 있었다. 그러나 황종희는 이를 거절하고 죽을 때까지 관직에 나가지 않았다.

황종희는 명나라 말기의 혼란과 나라의 멸망을 몸소 체험하면서 비극의 원인을 연구하고 당시의 모든 일에 대해 예리한 비판을 했다. 황종희뿐만 아니라 명말 청초의 대학자로 불리는 고염무, 왕부지(王夫之)도 마찬가지였다. 그들은 당시에 일반적이었던 학문에 대해 공허하다고 비판했다. 당시의 학문이 실제 현실을 담고 있지 못하다는 것이었다. 이런 비판과 함께 황종희 등이 내세웠던 학문은 바로 '경세를 위한 학문', 즉 '세상을 다스리는 학문'이었다. 황종희의 생각에 따르면 유학은 원래부터 세상을 다스리는 학문일 수밖에 없다. 그런데 주자학(朱子學)이나 양명학(陽明學)은 이것을 제대로 하지 못했다. 이런 인식 아래 황종희는 과거의 역사를 연구했다. 또한 당시의 정치, 경제, 사회 등을 연구하고 비판하면서 정치론, 경제론을 펼쳤다. 《명이대방록》은 바로 이런 학문의 흐름 속에서 나온 대표작이다.

동양의 루소가 쓴 정치 원리

《명이대방록》은 한마디로 말하면 정치 원리에 대한 책이다. 이 책을 쓰게 된 동기와 목적은 제목에 그대로 드러나 있다. '명이대방록'에서 '명이'란 《주역(周易)》에 나오는 64괘 중 하나다. 명이의 뜻은 '밝음이 이지러져 있어서 아직 충분히 빛을 나타내지 못하고 있다'는 것이다. 이것은 현자가 자기의 뜻을 펴지 못하고 비방을 두려워하는 것을 의미한다. '대방'은 글자 그대로 방문을 기다린다는 뜻이다. 즉 지혜로운 군주가 나라를 다스리는 법을 물어보기 위해 현자가 찾아주기를 기다린다는 뜻이다.

황종희는 '군주'에 대해 날카로운 비판을 했다. 옛날의 군주는 스스로를 지나가는 나그네라고 생각했다. 천하가 주인이었고 군주가 하는 일은 천하를 이롭게 하는 것이었다. 그러나 후대의 군주는 그렇지 않았다. 군주 자신이 주인이고 천하의 사람들은 나그네라고 하여 군주와 천하의 관계를 역전시켰다.

후대의 군주들은 그렇지 않았다. 그들은 천하의 이해와 관련된 권한이 모두 자신들에게서 비롯되었다고 생각하여 천하의 이익은 모두 자신에게 귀속시키고 천하의 손해는 모두 남에게 돌렸다. …… 군주들은 천하를 자신의 재산으로 생각하고 자손들에게 물려주어 영원히 누리게 했다. …… 옛날에는 천하가 주인이고 군주는 지나가는 나그네 정도로 생각했다. 그래서 군주가 하는 일은 천하를 위한 일이었다. 그런데 지금은 군주가 주인이고 천하의 사람들은 오히려 지나가는 나그네가 되었다. 따라서 천하의 사람들이 어디를 가든 편안하게 쉴 곳이 없는 이유는 군주 때문이다. 천하를 얻지 못했을 때는 천하 사람들의 생명을 빼앗고 사람들의 자손들을 흩어지게 하여 자신의 재산을 늘리면서도 조금도 참담하게 생각하지 않았다.

그래서 황종희는 "천하에서 가장 해로운 것은 군주뿐"이라고 결론지었다. 황종희는 군주 비판에 이어 군주와 신하의 올바른 관계에 대해 다루었다. 황종희는 천하를 다스리는 일을 큰 나무를 옮기는 일에 비유했다. 큰 나무를 옮기려면 사람들이 협력해야 한다. 그래서 황종희는 군주와 신하의 관계를 협력하는 관계라고 했다.

천하를 다스리는 일은 마치 큰 나무를 옮기는 일과 같다. 앞사람이 '영차' 하면 뒷사람이 '영차' 하고 화답한다. 군주와 신하 역시 나무를 함께 운반하는 사람들과 같다. 나무를 끌어야 할 앞사람이 손으로 밧줄을 잡지 않고 발로 땅을 구르지 않으면서 그저 웃으며 놀고 있는데 뒷사람이 아무리 밀어야 나무를 옮길 수 있겠는가.

앞에서 나무를 끄는 사람이 군주이고 뒤에서 나무를 미는 사람이 신하다. 군주가 놀고 있다면 신하가 아무리 열심히 해도 천하가 다스려질 리 없다. 나무를 옮기듯이 협력하여 이끌고 밀어야 천하를 다스릴 수 있다. 이런 황종희의 사상은 군주와 신하를 상하관계로 보는 전통적 사고에 대한 비판이었다. 황종희는 옛날 사례를 들어 군주와 신하의 올바른 관계를 말했다. 옛날에는 신하가 절을 하면 군주가 답절을 했다. 신하가 자리에서 일어나면 군주도 자리에서 일어났다. 심지어 군주가 가마를 타고 있을 경우에도 신하가 인사를 하면 군주가 가마에서 내려 인사를 했다. 이렇듯 군주와 신하는 대등한 관계였다는 것이다.

황종희의 주장은 우리나라의 대학자인 정약용(丁若鏞)이 《통치자론(原牧)》과 《탕임금론(湯論)》에서 주장한 것과 유사하다. 또한 프랑스 계몽사상가들의 주장을 연상하게 한다. 그래서 사람들은 황종희를 '동양의 루소'라고 부르기도 한다. 황종희는 명나라 말기에 자기가 직접 겪은 병폐에 대해 예리하게 분석하고 통렬하게 비판했다. 황종희가 보여준 탁월한 역사적 안목과 우국충정은 중국에서 후대에도 큰 영향을 미쳤다. 그래서 19세기 말 중국이 혼란에 빠졌을 때 《명이대방록》에 대한 관심이 높아지면서 발췌본이 다시 간행되기도 했다.

황종희는 천하에 가장 해로운 것이 군주라며 군주가 주인 노릇을 하는 것에 대해 비판했다. 그래서 군주는 신하와 협력관계를 맺는 것이 바람직하다고 했다. 반면 마키아벨리(Niccoló Machiavelli)는 군주가 위업을 달성하기 위해서는 인간의 방법뿐만 아니라 야수의 방법도 사용해야 한다고 했다. 두 사람의 글을 읽고 정치에서 '올바른 지도자의 모습'에 대해 생각해보자.

◆ ◆ ◆

후대의 군주들은 그렇지 않았다. 그들은 천하의 이해와 관련된 권한이 모두 자신들에게서 비롯되었다고 생각하여 천하의 이익은 모두 자신에게 귀속시키고 천하의 손해는 모두 남에게 돌렸다. …… 군주들은 천하를 자신의 재산으로 생각하고 자손들에게 물려주어 영원히 누리게 했다. …… 옛날에는 천하가 주인이고 군주는 지나가는 나그네 정도로 생각했다. 그래서 군주가 하는 일은 천하를 위한 일이었다. 그런데 지금은 군주가 주인이고 천하의 사람들은 오히려 지나가는 나그네가 되었다. 따라서 천하의 사람들이 어디를 가든 편안하게 쉴 곳이 없는 이유는 군주 때문이다. 천하를 얻지 못했을 때는 천하 사람들의 생명을 빼앗고 사람들의 자손들을 흩어지게 하여 자신의 재산을 늘리면서도 조금도 참담하게 생각하지 않았다.

– 황종희, 《명이대방록》 중에서

◆ ◆ ◆

◆ ◆ ◆

군주가 신의를 지키면서 교활하지 않고 공명정대하게 살아가는 것이 얼마나 칭찬받을 만한 일인지는 누구나 알고 있다. 그럼에도 오늘날 우리가 경험한 바에 따르면 신의를 그다지 중요시하지 않고 교활함으로 사람을 잘 속이는 군주가 오히려 위업을 성취했으며, 궁극적으로 신의를 믿는 군주를 압도하고 있다. 투쟁에는 두 가지 방법이 있음을 알아야 한다. 첫째는 법을 좇는 것이고 둘째는 힘에 의지하는 것이다. 전자는 인간들이 수행해야 할 것이고 후자는 짐승에 의한 것이다. 그러나 첫째 방법으로는 때때로 불충분하기 때문에 두 번째 방법에 의지할 필요가 있다. …… 군주가 짐승의 성질을 이용하는 방법을 사용할 경우 짐승 중에 사자와 여우를 선택해야 한다. …… 다만 전적으로 사자의 본성만 취하는 사람은 자신의 할 일을 하지 못한다. 그러므로 사려 깊은 군주라면 신의를 지키는 것이 자신에게 해롭거나 서약 당시의 조건이 이미 소멸되었을 때에는 신의를 지킬 수 없을 뿐만 아니라 지켜서도 안 된다. 만일 모든 인간이 선량하다면 이 말은 잘못된 충고가 될 것이다. 하지만 인간은 악하고 군주에게 신의를 지키지 않을 것이기 때문에 군주 역시 그들에게 신의를 지킬 필요가 없다. 또한 군주는 신의를 깨뜨릴 만한 합당한 이유를 늘 갖고 있다. 군주의 신의가 결여되어 중대한 조약과 약속이 깨지거나 효력을 상실한 사례가 무수히 많다. 이런 사례들은 여우의 역할을 가장 잘 알고 있는 군주가 가장 성공한 군주였음을 보여준다.

– 마키아벨리, 《군주론(Il principe)》 중에서

◆ ◆ ◆

9

두 개의 중국이 함께 추앙하다

쑨원 《삼민주의》

서울대 사상고전 100선에 선정된 핵심 포인트

'민족주의(民族主義)', '민권주의(民權主義)', '민생주의(民生主義)'로 구성된 이 책은 중화인민공화국과 타이완에서 국부로 추앙받고 있는 쑨원의 삼민주의 사상이 집대성된 저술이다. 쑨원이 제창한 삼민주의는 중국 혁명 과정에서 혁명 사상으로 기능했을 뿐만 아니라 중국 국민당의 사상적 지주로서 현재까지도 큰 영향력을 끼치고 있다. 민족주의, 민권주의, 민생주의가 통일된 하나의 사상체계를 형성하고 있다고 평가되기도 하나 《삼민주의》의 내용은 '정치적 강령'으로서의 성격도 농후하다.

– 박한제 서울대학교 명예교수

중국 혁명의 아버지

1949년 중국 대륙에는 마오쩌둥이 지도하는 중국 공산당에 의해 '중화인민공화국'이 수립되었다. 한편, 한때 중국 전역을 지배했던 장제스(蔣介石)의 중국 국민당은 대륙에서 패배하고 타이완으로 가서 '중화민국'을 수립했다. 이후 '두 개의 중국'은 서로 사회주의와 자본주의라는 각기 다른 길을 걸어왔다. 두 나라가 공식적으로 내세우는 통치 이념은 서로 다르다. 따라서 그들의 정치체제와 경제 운영도 다르고 중국 역사를 바라보는 관점도 상당히 다르다.

그러나 중국 역사에 대한 평가에서 두 국가가 일치하는 것이 하나 있다. 바로 쑨원(孫文, 1866~1925)에 대한 평가다. 두 국가에서 모두 쑨원을 '중국 혁명의 아버지' 혹은 '위대한 혁명가'라고 평가한다. 그리고 현재 두 개의 중국은 이념의 차이를 초월하여 쑨원을 존경하고 추앙하고 있다.

쑨원이 어떤 인물이기에 이런 일이 생길 수 있을까? 쑨원은 중국에서 혁명의 횃불을 최초로 든 사람이다. 동시에 쑨원의 삶은 중국 혁명의 역사, 바로 그것이었다. 쑨원은 광둥 성 샹산 현(지금은 '중산 현'이라고 한다)에서 농민의 아들로 태어났다. 어렸을 때부터 태평천국군에 참가한 친척의 영향으로 혁명 정신을 키웠다. 열세 살 때 하와이로 가서 교육을 받았고 의학을 전공했다. 귀국 후에는 홍콩에 병원을 개업하려 했지만 허가를 받지 못하고 한의원을 개업했다. 그러나 의사 생활은 생활의 방편일 뿐, 쑨원은 오로지 중국 혁명을 생각했다. 1911년에 중국에서 신해혁명(辛亥革命)이 일어났다. 쑨원은 여기에 적극 가담하여 무장봉기를 확대하기 위해 동분서주했다. 마침내 1912년 1월 1일 쑨원을 임시대총통으로 하는 중화민국 임시정부가 수립되었다. 그리고 1912년 2월 12일 중국의 마지막 황제 푸이(溥儀)가 퇴위함으로써 진나라 시황제 이후 2000년 넘게 유지되어온 중국의 군주제는 무너졌다.

그러나 혁명은 뜻대로 진행되지 않았다. 임시정부가 유명무실해지고 중국은 각 지방에서 군대를 장악한 장군, 즉 '군벌'들에 의해 분할 통치되었다. 쑨원은 다시 군벌과 싸움에 들어갔다. 군벌과 싸우기 위해 자신이 만든 중국 국민당과 중국 공산당의 연합을 추진하여 1924년에 이른바 '국공합작'이 이루어졌다. 국공합작을 바탕으로 군벌과의 싸움에서 우위를 차지하고 바야흐로 그동안 꿈꾸어왔던 혁명의 순간이 다가오고 있었다. 그러나 쑨원에게도 운명의 순간이 멀지 않았다. 1925년 3월 12일 59세의 혁명가 쑨원은 죽음을 맞이하게 되었다. 쑨원은 다음과 같은 마지막 말을 남겼다.

국민 혁명에 힘을 바치기 무릇 40년. 그 목적은 중국의 자유와 평등을 찾는 데 있었다. 40년의 경험을 통해 혁명의 목적에 도달하고자

한다면 반드시 민중을 일깨우고, 세계에서 평등하게 우리를 대하는 민족과 연합하여 공동으로 분투해야 한다는 것을 알았다. 혁명은 아직도 성공하지 못했다. 우리 동지들은 마땅히 계속 노력하여 혁명을 완성시켜야 한다.

나는 혁명학을 공부한다

《삼민주의(三民主義)》는 쑨원이 1924년 1월 27일부터 몇 차례에 걸쳐 강연한 내용을 몇 사람이 받아 적어서 책으로 낸 것이다. 삼민주의란 민족주의, 민권주의, 민생주의에서 '민'을 따서 붙인 이름으로 1905년 일본에서 '중국동맹회'가 결성되었을 때부터 쑨원이 내건 강령이었다. 쑨원은 결코 학자가 아니었다. 쑨원은 중국 혁명에 참여하면서 틈틈이 자신의 생각을 정리했다. 일찍이 쑨원은 이렇게 말했다. "내가 연구하는 것은 혁명학이다. 나의 혁명 지식이나 능력에 도움이 되는 것이면 어떤 학문도 나의 연구 재료가 될 수 있으며, 나의 혁명학을 형성하는 데 이용할 수 있다."

쑨원이 주장한 모든 사상은 '혁명학'이다. 혁명학은 외국 열강의 지배를 받는 중국, 낡은 군주제와 군벌들의 통치 하에 고통받는 중국을 어떻게 개혁할 것인가를 고민하면서 내놓은 '해답'이었다. 《삼민주의》 역시 마찬가지다. 이 책에서 주장하는 '삼민주의'는 한마디로 '중국 혁명을 지도하는 정치사상'이다. 쑨원은 이 책에서 중국이 궁극적으로 어떤 사회를 지향해야 하는지, 중국의 정치는 어떤 원리와 원칙에 근거해야 하는지 등을 제시했다.

그러면 민족주의란 무엇인가? 쑨원의 민족주의는 시기에 따라 내용이 달랐다. 1894년부터 1905년 '동맹회'가 성립할 때까지 쑨원이 주장한 민족주의는 '만주족의 청나라 조정을 타도하자'는 것이었다. 이 민족주의는 만주족이 한족을 지배하는 상황에 주로 초점이 맞추어져 있었다. 이때 민족주의의 중심 주체는 한족일 수밖에 없다. 그런데 1919년 이후 민족주의의 내용은 바뀐다. 만주족의 청나라 조정을 타도하자는 민족주의는 이미 1911년 신해혁명으로 달성되었다. 그래서 그 당시 쑨원은 "중국에서 민족주의는 완성되었다"라고 선언했다. 그러나 국제적인 협력을 얻으려던 소망이 빗나가면서 민족주의의 내용이 바뀌게 되었다. 즉 '제국주의 침략에 반대하여 민족의 자주와 독립을 달성하자'는 것으로 바뀌었던 것이다. 그리고 여기에 중국 내부에 있는 여러 민족이 평등하고 조화롭게 살아가자는 내용이 추가되었다. 중국은 여러 민족으로 구성된 다민족국가이기 때문에 이 문제도 심각했던 것이다. 이렇게 변화된 내용의 민족주의는 1924년 그가 행한 연설에 등장한다.

다음으로 민권주의란 무엇인가? 민권주의는 우리가 보통 사용하는 용어로 표현하면 민주주의다. 그런데 쑨원이 주장한 민권주의는 좀 독특하다. 쑨원은 자유와 평등을 주장했다. 그러나 쑨원이 바라보는 평등은 '인간의 원초적인 불평등'을 인정한 평등이었다. 쑨원이 보기에 인간은 태어날 때부터 능력이나 소질에서 불평등하고, 이런 불평등은 없앨 수 없다. 대신 필요한 것은 모두가 평등하게 살 수 있는 기회의 평등이다. 그래서 쑨원이 강조한 것이 교육이었다. 교육은 사람들의 차이를 줄여주고 모두가 잘살 수 있는 기회를 만들어주기 때문이다. 또 쑨원은 자유를 주장했지만 개인적인 자유에 대해서는 좋게 생각하지 않았다. 그래서 쑨원은 자유가 일반인의 몫이지, 엄격한 규율을 지켜야 할 군인과 관료의 몫은 아니라고 생각했다.

민권주의와 관련하여 쑨원이 주장한 특이한 점은 '치권'과 '정권'을 나눈 것이다. 여기서 치권은 행정부나 대통령 등이 가지고 있는 통치권, 행정권이고, 정권이란 민주주의국가에서 일반 국민들이 가지고 있는 주권이다. 쑨원이 이런 주장을 한 것은 나름대로 근거가 있다. 쑨원이 보기에 현대 국가는 점점 커지고 할 일이 많아졌다. 따라서 행정을 힘있고 효율적으로 수행하기 위해서는 통치권이 절대적으로 강화되어야 한다. 특히 혁명을 수행하는 중국과 같은 상황에서는 더욱 그렇다. 그런데 국가권력의 증대는 국민들의 기본권, 더 나아가 민주주의국가의 기본 원리인 국민주권과 충돌할 수가 있다. 이 때문에 쑨원은 통치권과 주권을 나누었다. 통치권은 국가원수인 대총통이 갖는다. 국민은 이 통치권에 대해 간섭할 수 없다. 대신 국민은 주권을 갖는다. 그리고 국민의 주권은 직접민주주의제도를 통해 실현될 수 있다.

토지와 자본의 해법을 제시하다

마지막으로 민생주의란 무엇인가? 쑨원은 "민생주의는 사회주의이며 공산주의이며 대동주의"라고 말했다. 이 말로만 보면 쑨원은 사회주의자인 것 같다. 그러나 사실은 그렇지 않다. 쑨원이 생각하는 사회주의란 '공상적 사회주의'다. 그리고 쑨원은 공산주의가 현실적으로 실행될 수 없다고 보았다. 쑨원이 주장한 민생주의는 국가가 주도하여 자본주의의 문제점을 사전에 없애자는 것이다. 지금의 용어로 표현하면 '복지국가'라고 할 수 있다.

쑨원은 당면 과제가 공업화를 통해 부를 만들어내는 것이라고 보았다. 또 역사 발전은 마르크스가 주장한 것처럼 계급투쟁을 통해 이루어지는 것이 아니라 계급 간의 상호 의존과 협력을 바탕으로 이루어진다고 보았다. 쑨원은 토지와 자본 집중의 억제를 중점적으로 다루었다. 당시 중국에는 토지 문제가 심각했다. 전체 인구 가운데 얼마 되지 않는 지주들이 전국 땅의 상당수를 차지하고 있었던 것이다. 이에 대해 쑨원이 제시한 해법은 '토지 소유의 균등화'였다. 토지 소유자는 자신이 가지고 있는 토지의 가격을 성실하게 신고한다. 만약 토지 가격을 낮게 신고하면 국가가 그 토지를 매입할 수 있다. 그리고 토지 개발로 땅값이 올라 지주가 이득을 보면 국가는 그만큼의 세금을 걷어간다. 이렇게 되면 토지를 많이 가지고 있어봤자 전혀 이득이 되지 않는다. 그래서 토지를 팔려는 사람들이 많아진다. 그러면 국가가 그 토지를 사들인다. 이렇게 서서히 토지를 국가 소유로 만들자는 것이 토지 문제에 대한 쑨원의 해법이었다. 이 제도는 1949년 이후 타이완에서 실시되고 있다.

반면 자본 집중은 당시 중국에서 시급한 문제가 아니었다. 쑨원 역시 중국의 당면 과제로 공업화를 제시했다. 그런데 굳이 자본 집중의 억제를 다룬 이유는 서구 사회의 문제점을 보았기 때문이다. 서구에서는 이미 19세기 말부터 거대한 독점자본이 등장하여 국가 산업을 장악하면서 많은 문제가 생겨났다. 예를 들면 빈부 격차의 확대, 노동자계급과 자본가계급의 대립 등이 그것이다. 그래서 쑨원은 공업화를 진행하고 있는 중국에서도 사전에 독점자본을 막아보자는 생각을 했다. 그 대안이 바로 '자본의 규제(절제자본)'였다. 이 제도 역시 1949년 이후 타이완 정부에 의해 채택되었다.

《삼민주의》는 지금의 관점에서 보면 문제점도 많은 책이다. 그러나 이 책에서 주장하는 내용 중에는 현재에도 유효한 것들이 많다. 예를 들면 민생주의의 '토지 소유 균등화' 제도나 '자본 억제' 제도 같은 것들이 그렇다.

쑨원은 민족, 민권, 민생의 삼민주의를 주장했다. 쑨원은 민족주의를 한족 주체의 민족주의에서 민족 간 평등의 민족주의로 내용을 변화시켰다. 프랑스의 사회학자 기 소르망(Guy Sorman)은 세계화 시대에 오히려 민족주의가 부활하고 있다고 했다. 다음 글들을 읽고 '세계화 시대의 민족주의'에 대해 생각해보자.

◆ ◆ ◆

쑨원의 민족주의는 시기에 따라 내용이 달랐다. 1894년부터 1905년 '동맹회'가 성립할 때까지 쑨원이 주장한 민족주의는 '만주족의 청나라 조정을 타도하자'는 것이었다. 이 민족주의는 만주족이 한족을 지배하는 상황에 주로 초점이 맞추어져 있었다. 이때 민족주의의 중심 주체는 한족일 수밖에 없다. 1919년 이후 민족주의의 내용은 바뀐다. 만주족의 청나라 조정을 타도하자는 민족주의는 이미 1911년 신해혁명으로 달성되었다. 그래서 그 당시 쑨원은 "중국에서 민족주의는 완성되었다"라고 선언했다. 그러나 국제적인 협력을 얻으려던 소망이 빗나가면서 민족주의의 내용이 바뀌게 되었다. 즉 '제국주의 침략에 반대하여 민족의 자주와 독립을 달성하자'는 것으로 바뀌었던 것이다. 그리고 여기에 중국 내부에 있는 여러 민족이 평등하고 조화롭게 살아가자는 내용이 추가되었다. 중국은 여러 민족으로 구성된 다민족 국가이기 때문에 이 문제도 심각했던 것이다. 이렇게 변화된 내용의 민족주의는 1924년 그가 행한 연설에 등장한다.

– 본문 중에서

◆ ◆ ◆

지구는 하나의 마을이 되었다. 그러나 그것은 잠재적으로 그러하다. 왜냐하면 인류 역사상 지구 전체가 국경으로 나누어진 수많은 나라들로 잘게 쪼개진 적이 없기 때문이다. 여기에서 이러한 모순에 대해 논하고자 한다. 세계화의 경향과 민족주의의 부활이 공존할 수 있을까? …… 베를린 장벽의 붕괴로 유럽에 새로운 질서가 만들어졌다. 자유 보편주의는 집단적 행복이라는 경쟁 이데올로기를 쓰러뜨렸다. 그러나 역사는 거기에서 끝나지 않았다. 베를린 장벽이 붕괴되자 많은 정치 해설가들은 모든 이데올로기적 장벽이 사라지고 맥몽드(McMonde)*로 전 세계적인 통합이 진행될 것으로 예상했다. 그러나 예측과 달리 하나의 세계로 통합되기보다는 민족국가 중심의 세계 질서가 형성되고 있다. …… 우리에게는 미국화에 대한 두려움이 존재한다. 이탈리아인 또는 독일인이 미국적 민주주의를 대신하거나 보완할 모델을 만들 거라고 기대하는 사람은 없다. 러시아나 중국에게 그러한 것을 기대하는 사람도 없다. '아시아적 가치'라고 말해지는 이념은 실속이 없을 뿐만 아니라 단지 중국화된 엘리트에게만 호소력이 있다. 한편 이슬람주의자들의 이념은 이슬람주의자들 이외의 사람들이 포괄되는 것을 원하지 않는다. …… 우리에게 필요한 것은 새로운 자유주의적 민주주의 안에서 각자의 개성을 포기하지 않고 세계에 뒤떨어지지 않는 새로운 삶의 방식이다. 오늘날 세계는 서구에서 비롯된 시장경제, 민주주의, 인권에 대한 수호 원리 등을 기본 원리로 받아들이고 있다. 미국은 자신의 이데올로기를 다른 민족들에게 끊임없이 정당화하고자 했고 다른 민족의 다양성을 무시함으로써 다른 민족 및 국가의 신뢰를 잃게 되었다.

– 기 소르망, 《열린 세계와 문명창조(Le monde est ma tribu)》 중에서

* 매킨토시와 맥도널드의 머리글자를 딴 프랑스어와 영어의 합성어로, 기 소르망은 미국 중심의 세계화를 가리키는 말로 사용했다.

◆ ◆ ◆

10

독일 사상이 위험하다

하이에크 《예종에의 길》

서울대 사상고전 100선에 선정된 핵심 포인트

이 책은 시장경제적 질서를 사회적 자유 실현의 절대 불가결한 전제 조건으로 보는 관점에서 경제계획에의 유혹은 의도하지 않았다 할지라도 그 극단적인 형태가 파시즘과 공산주의 같은 전체주의인 '예종에의 길'로 이끈다는 것을 주장하고 있다. 이 책은 오늘날 경제에 대한 국가적 조절과 사회복지 국가적 국가 개입에 반대하는 '신자유주의자' 내지 '신보수주의자'들의 고전이 되고 있다.

– 김세균 서울대학교 정치학과 교수

나의 책은 정치 서적이다

> 수년 동안 나는 개인주의를 믿는 사람들에게 어떻게 우리 시대의 지배적 사고인 집단주의에서 벗어날 수 있었는지 탐문해왔다. 수년 동안 가장 자주 접한 대답은 지금 서문을 쓰는 영광을 얻게 된 이 책을 언급하는 것이었다. 하이에크 교수의 뛰어나고도 힘이 넘치는 이 글은 특히 전쟁 중에 군대에 있었던 청춘 남녀들에게 계시를 주는 것이었다. 직접 겪은 최근의 경험으로 개인의 자유가 지니는 가치와 의미에 대한 그들의 감각은 매우 날카로워져 있었을 뿐만 아니라 집단주의 조직이 실제로 작동하는 방식을 관찰할 수 있었다. 그들에게 집단주의에 대한 하이에크의 예언은 단순히 가상적 가능성이 아니라 군대에서 그들이 직접 경험한 눈에 보이는 현실이었다.

미국의 경제학자 밀턴 프리드먼(Milton Friedman)은 《예종에의 길(The Road to Serfdom)》 출판 50주년을 기념하는 서문에서 하이에크(Friedrich August von Hayek, 1899~1992)를 찬양했다. 전쟁을 언급한 이유는 이 책이 제2차 세계대전이 진행 중이던 1944년에 처음 출판되었기 때문이다. 프리드먼은 이 책이 있어 집단주의를 이길 수 있었다고 했다. 집단주의는 사회주의는 물론 사회민주주의를 비롯하여 복지국가를 지향하는 모든 이념을 포함한다. 하이에크의 집단주의 비판은 표면적으로는 사회주의에 대한 비판이었지만 실제로는 서유럽에 등장하고 있던 복지국가 이념에 대한 비판이었다. 복지국가는 결국 국민을 노예의 길로 이끌 것이라는 점이 하이에크가 주장하고자 하는 핵심이다.

하이에크는 오스트리아에서 태어나 빈 대학교에서 공부한 후 영국과 미국에서 학생들을 가르쳤다. 하이에크는 영국에서 활동하던 시절에 《예종에의 길》을 발표했다. 하이에크는 서문에서 이 책이 정치 서적이라고 했다. 따라서 이 책은 어떤 정파의 입장을 대변하는 이데올로기의 역할을 할 수밖에 없다.

자본주의의 신뢰도가 땅에 떨어지다

하이에크의 주장을 이해하려면 그가 살았던 시대적 배경을 알아야 한다. 하이에크가 《예종에의 길》을 집필할 당시까지의 역사를 보면 두 차례의 세계대전과 대공황이 있었다. 제1차 세계대전은 유럽 각국의 독점자본이 식민지 쟁탈을 하는 과정에서 일어난 역사적 참화였다. 19세기 말에 산업과 금융을 장악한 독점자본은 값싼 원료와 노동력 그리고 광대한 시장을 찾았고, 유럽 각국은 자국 독점자본의 이해에 따라 식민지 쟁탈전을 벌였다. 세계 각지에서 식민지 쟁탈전이 벌어지면서 세계대전은 예고된 것이나 마찬가지였다.

1914년에 시작된 제1차 세계대전이 끝나갈 무렵 전 세계를 충격으로 몰아넣은 사건이 일어났다. 1917년 러시아에서 사회주의혁명이 성공했던 것이다. 19세기 중반 이후 노동자계급은 자본가계급에 맞서 치열하게 투쟁하며 성장했고 노동자계급의 이해를 대변하는 정치조직이 각국에 생겨났다. 레닌이 이끄는 러시아 공산당은 세계대전으로 형성된 정세를 활용하여 노동자와 농민을 주축으로 무장봉기를 일으켜서 사회주의혁명에 성공했다. 러시아에서 혁명이 성공하자 독일, 폴란드, 헝가리 등에서도 무장봉기가 일어났지만 실패했다. 그렇지만 독점자본의 탐욕으로 참화를 겪은 유럽 각국의 국민들 사이에서 사회주의에 대한 요구는 수그러들지 않았다. 1918년 독일에서 바이마르공화국이 성립하고 독일 사회민주당이 정권에 참여한 것 역시 독일 국민들의 사회주의적 요구의 표현이었다.

1929년 미국에서 시작된 대공황은 마치 자본주의의 종말처럼 보였다. 미국을 비롯한 유럽 각국의 경제는 파멸적인 상태에 이르렀고 대다수의 사람들은 실직과 빈곤의 나락으로 떨어졌다. 미국을 비롯한 유럽 각국에서는 엄청난 예산을 퍼부으며 경기 회복을 시도했지만 뚜렷한 효과가 나타나지 않았다. 자본주의는 자생력을 잃은 것처럼 보였다.

대공황 당시 가장 고통을 당한 사람들은 독일 국민이었다. 독일은 제1차 세계대전 패전국으로 막대한 배상 의무를 지고 있던 상황에서 대공

황이 밀어닥쳤다. 국민은 절망 상태에 빠졌고 정치집단들은 무기력했다. 이런 상황을 틈타 히틀러가 국가사회주의를 내걸고 집권에 성공했다. 히틀러 정권은 일체의 배상 의무를 부인함으로써 국민적 지지를 이끌어냈고 결국 독재체제를 구축했다.

세계는 또 한 차례의 대참사인 제2차 세계대전을 치르고 나서야 대공황에서 벗어날 수 있었다. 대공황과 세계대전에 지친 사람들 사이에서 자본주의의 신뢰도는 땅에 떨어졌다. 제2차 세계대전 직후 영국의 정권교체가 상징적 사건이었다. 처칠의 보수당 정권이 전쟁을 승리로 이끌었지만 전쟁 직후 노동당이 정권을 잡았다. 이후 유럽 각국에서는 복지국가를 내건 정당들이 속속 정권을 잡았다.

하이에크는 이런 시대적 상황에서 자유주의를 이념으로 구축하고자 했다. 하이에크의 자유주의는 정치적 자유주의만 의미하지 않는다. 하이에크는 경제적 자유 없이는 정치적 자유도 없다고 말한다. 따라서 하이에크의 자유주의는 위기에 처한 자본주의에 대한 옹호였다. 하이에크는 당시의 이념적 상황에 대해 영국의 사상인 자유주의가 쇠퇴하고 독일의 사회주의가 유럽으로 전파되고 있다고 보았다.

사상의 조류에 나타난 변화가 사상이 전파되었던 공간의 궤적을 거꾸로 돌리고 있다는 점이 중요하다. 200년 넘게 영국의 사상이 동쪽으로 전파되었다. 영국에서 성취된 '자유의 지배'가 전 세계로 전파

될 것처럼 보였다. 1870년 무렵 이 사상이 가장 동쪽까지 전파되었던 것 같다. 그후 자유주의 사상은 퇴조하기 시작했다. 여러 다른 사상들이 동쪽으로부터 전진해오기 시작하여 영국은 사상적 지도력을 상실하고 사상의 수입자가 되었다. 그다음 60년간은 독일이 중심지가 되어 20세기에 세상을 지배하게 될 사상들이 동서로 퍼져나갔다.

국가의 개입은 억압이다

하이에크는 영국과 독일을 대비했다. 당시 독일은 독재국가였고 전쟁을 일으킨 국가였기 때문에 영국과 독일을 선과 악으로 대비함으로써 자기주장의 정당성을 확보하고자 한 것으로 보인다. 하이에크는 독일에 히틀러 정권이 들어선 것은 사회주의자의 지원 때문이라고 말한다. 그는 사회주의가 독재로 귀결된다는 지론을 입증하기 위해 그런 논리를 폈다.

국가사회주의의 교리는 사상의 오랜 진화 과정, 즉 독일을 넘어선 곳까지 큰 영향을 미쳤던 사상가들이 참여했던 과정의 절정이다. …… 그렇다면 반동적 소수가 지녔던 이 사상이 독일인 대다수의 지지를 얻게 된 원인은 무엇인가? …… 많은 사람들이 사회주의의 진전에

하이에크는 어떤 식이든 국가의 개입은 개인의 자유를 억압한다고 주장한다.

대한 자본가의 반동이 그 원인이라고 믿기 바라지만 이것은 원인으로 보기 어렵다. 이와 반대로 이 사상은 분명히 사회주의 진영의 지지로 권력을 잡았다. 이 사상이 권력을 얻도록 도움을 준 것은 부르주아지가 아니라 반대로 강력한 부르주아지의 부재였다.

하이에크는 자신의 주장을 입증하기 위해 헤겔, 피히테, 마르크스, 로트베르투스, 라살레, 좀바르트, 플렌게, 슈펭글러 등 독일의 저명한 사상가들을 거론했다. 그중 일부는 사회주의자이고 사회주의와 관련 없는 학자는 민족주의자이므로 그들로부터 국가사회주의의 사상적 원천이 나왔다는 것이다. 그러나 하이에크는 자기주장의 가장 중요한 논거, 즉 당대의 사회주의 세력이 히틀러 정권을 지원했다는 증거를 제시하지 못했다.

하이에크의 자유주의는 개인주의에 기초한다. 《예종에의 길》에서도 자유주의보다 개인주의가 보다 빈번하게 등장한다. 어떤 면에서 보면 개인주의란 무엇인가를 설명하는 책이라는 느낌이 들 정도다. 하이에크는 개인주의가 이기주의 혹은 자기중심주의로 오해를 받아왔다면서 개인주의의 기본 원칙을 밝힌다.

개인주의는 논쟁의 여지도 없는 기본 사실로부터 출발한다. 우리의 상상력에 한계가 있기 때문에 우리의 가치 척도 속에 사회 전체가 필요로 하는 것의 일부분만 포함할 수 있다. 또 엄격하게 말하면 가치의 척도는 각 개인의 정신 속에만 존재하기 때문에 개인들마다 서로 다르고, 또 불가피하게 서로 상충될 때가 많다. 이 사실로부터 개인주의자들은 개인이 정해진 한계 안에서는 다른 사람의 가치나 선호가 아니라 자신의 가치와 선호에 따라 행동할 수 있어야 한다고 결론짓는다. 즉 개인의 가치나 선호의 영역 안에서는 개인의 목적체계가 최고의 선이며, 다른 누구의 그 어떤 지시에도 종속되지 않는다. 개인을 자기 자신의 목적에 대한 최종적 재판관으로 인식하고 가능한

한, 자신의 견해가 자신의 행동을 지배해야 한다는 믿음이 개인주의의 본질이다. …… 우리는 합의가 존재하는 영역에 한정하여 자발적 합의가 국가 행동의 지침이 되게 할 수 있다. 그러나 합의가 존재하지 않는 분야에서도 국가가 직접적 통제를 행사하게 되면 개인의 자유가 억압된다. 뿐만 아니라 공동행위의 영역을 무한정 확장하게 되면 개인들이 자신의 영역 안에서도 자유롭게 남겨질 수 없다.

하이에크는 국가의 개입 혹은 간섭에 반대한다. 그것은 개인의 자유를 억압할 뿐이고, 개인을 국가에 예속시켜서 노예의 길로 가게 할 뿐이라고 말한다. 하이에크는 자신이 개인의 자유, 시장경제, 사적 소유 같은 고전적 자유주의를 되풀이했다고 말했다. 그러나 애덤 스미스, 밀 등 고전적 자유주의자는 중세의 잔재를 청산하고 근대를 이룩하려는 진보적 방향에서 자유주의를 주장했다면 하이에크는 공공의 이익과 복지라는 시대적 흐름을 저지하는 보수주의적 자유주의를 주장했을 뿐이다.

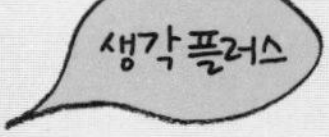

하이에크는 개인들의 상호작용에 의해 만들어지는 자생적 질서를 강조하며 정부의 개입에 반대한다. 반면에 미국의 철학자 존 롤스(John Rawls)는 부정의(不正義)를 감수하는 것은 더 큰 부정의를 피하기 위한 경우로만 한정하면서 부정의를 없애기 위한 정부의 개입이 가능함을 암시했다. 두 사람의 글을 읽고 어떤 경우에 '정부의 개입이 정당한지'에 대해 생각해보자.

◆ ◆ ◆

자유의 적들은 인간의 질서가 누군가에 의해 만들어지고 다른 사람들은 이에 복종해야 한다는 주장을 펼친다. 그러나 경제학자들은 개인 행위의 자발적 상호 조정이 시장을 통해서 효율적으로 이루어질 수 있다고 설명한다. 개인들 사이의 상호 조정 메커니즘에 대한 이해는 개인들의 행동을 제한하는 일반 준칙을 수립하기 위해 필요한 가장 중요한 지식이다. …… 사회생활에 일종의 질서, 일관성과 지속성이 존재한다는 점은 분명하다. 만일 그것이 없다면 우리 중 어느 누구도 자기 업무를 수행할 수 없고 가장 기본적인 욕구조차 충족시키지 못할 것이다. …… 상황에 따라 조정되는 분산적 질서는 중앙의 지침에 의해 확립될 수 없다. 질서는 개인들의 상호작용과 개인들에게 영향을 미치는 상황에 대한 대응을 통해서만 나온다. 개인들이 자발적으로 상호작용함으로써 인간들 사이에 질서가 확립될 때 우리는 이를 자생적 질서 체계라고 한다. 개인들의 노력에 의해 사회적 질서의 조정이 이루어지며, 이러한 자기 조정은 공적 토대 위에서 자유를 정당화한다. 이때 개인의 행동은 자유롭다고 할 수 있다. 그것은 우월하거나 공적인 권력의 명령에 의해 결정된 것이 아니기 때문이다. — 하이에크, 《자유헌정론》 중에서

◆ ◆ ◆

사상체계의 제1 덕목을 진리라고 한다면 정의는 사회제도의 제1 덕목이다. 이론이 아무리 정교하고 간명해도 진리가 아니라면 배척되거나 수정되어야 하듯이 법이나 제도가 아무리 효율적이고 정연한 것이라도 정당하지 못하면 개혁되거나 폐기되어야 한다. 모든 사람은 사회 전체의 복지라는 명목으로 유린될 수 없는 정의에 입각한 불가침성을 가진다. 그러므로 타인들이 가지게 될 더 큰 선을 위하여 소수의 자유를 빼앗는 것이 정당화될 수 없다. 다수가 누릴 더 큰 이득을 위해서 소수에게 희생을 강요하는 것은 정의에 부합하지 않는다. 그러므로 정의로운 사회에서는 동등한 시민적 자유가 이미 보장된 것으로 간주되며, 따라서 정의에 의해 보장된 권리들은 어떠한 정치적 거래나 사회적 이득의 계산에도 좌우되지 않는다. 더 나은 이론이 없을 경우에 결함 있는 이론이라도 따르게 되듯이 부정의는 더 큰 부정의를 피하기 위해 필요한 경우에만 참을 수 있다. 인간 생활의 제1 덕목으로서 진리와 정의는 지극히 준엄한 것이다. — 롤스, 《정의론(A Theory of Justice)》 중에서

◆ ◆ ◆

3부

법의 탄생

법정 드라마를 좋아하는 사람이 많다. 검사와 변호사가 벌이는 법리 논쟁을 통해 사건이 해결되고 억울한 누명을 썼던 사람이 누명을 벗는 이야기는 흥미뿐만 아니라 긴장감을 준다. 이런 드라마의 전제는 '법 위에 사람 없고, 법 아래 사람 없다'는 법의 공평성이다.

그러나 현실에서는 '유전무죄 무전유죄'라는 말이 유행어가 되기까지 한다. 같은 죄를 지어도 돈이 있는 사람은 감옥에 갇히지 않고 돈이 없는 사람은 갇히게 된다는 말이다. 법이 불평등하게 적용되고 있음을 비판하는 말이다.

법의 공평성은 법의 근본 토대다. 법은 인류 사회가 출현하면서부터 존재해왔다. 어떤 사회든 그 사회를 유지하는 기본적인 규범이 있게 마련이다. 인류 사회가 가족, 씨족, 부족의 단계를 거치며 발전하는 과정에서 각 단위에 맞는 규범이 생겨났고, 국가가 탄생하면서 규범은 법으로 바뀌었다. 법은 국가를 지탱하는 역할을 한다. 그런데 법의 공평성이 무너지면 국가 역시 흔들릴 수밖에 없다.

3부에서는 법과 관련한 다섯 편의 글을 해설했다. 그로티우스의 《전쟁과 평화의 법》, 베카리아의 《범죄와 형벌》, 예링의 《권리를 위한 투쟁》, 메인의 《고대법》, 켈젠의 《순수법학》이 그것이다.

그로티우스는 자연법에 대해 다룬다. 자연법이란 국가가 생기기 이전의 자연 상태에서 인간들이 자율적으로 준수했던 법을 말한다. 따라서 자연법은 인간의 본성에 따른 법이다. 그로티우스는 이 자연법이 근대 법의 모태가 된다고 말한다. 베카리아는 형벌의 목적이 범죄 예방에 있으므로 지나치게 가혹한 형벌은 옳지 못하다고 말한다. 그래서 베카리아는 사형제도에 반대했다. 예링은 투쟁 없이는 권리를 지키고 발전시킬 수 없다고 말한다. 권리 위에서 잠자고 있는 자들에게 권리는 없다는 것이다. 메인은 계몽사상가들의 사회계약론, 자연법 이론을 비판하고, 고대의 가족법이 해체되면서 그 대신에 계약을 중심으로 한 근대법이 생겨났다고 했다. 그 양상을 압축하여 '신분에서 계약으로'라는 구호를 만들었다. 켈젠은 법학을 윤리, 도덕, 정치, 경제 등과 분리하여 순수하게 법 자체만을 연구하자고 말한다. 법을 엄격하게 객관적 존재로 다루자는 것이다.
법은 공평해야 한다. 그러나 우리 사회에서 여전히 '유전무죄 무전유죄'라는 말이 떠돌고 있는 것은 법이 아직 국민 모두에게 공평하지 않음을 보여주는 슬픈 단면이다.

11

근대 자연법 사상의 단초를 열다

그로티우스 《전쟁과 평화의 법》

서울대 사상고전 100선에 선정된 핵심 포인트

30년 전쟁이 있은 시국 하에서 신성(新成) 국제사회의 법규를 모범적으로 제시하려고 저술되었다. 그리스 로마의 고전과 기독교 문헌 등 광범위한 소재를 탁월한 인문주의적 박람강기(博覽强記)를 구사하여 중세적인 신학적 기반으로부터 해방된 합리적 이성법(理性法)의 체계를 최초로 수립함으로써 근대 자연법론과 국제법의 개조(開祖)로서 그의 입지를 굳혔다. 그러나 그 내용은 비단 국제법에 한하지 않고 법의 전 분야에 걸쳐 있다.

– 최병조 서울대학교 법학과 교수

떠돌아다닌 삶

그로티우스(Hugo Grotius, 1583~1645)는 네덜란드 델프트에서 태어났다. 오늘날 '자연법, 국제법의 아버지'로 불리는 그로티우스는 사실 학자 이전에 정치가이자 외교관이었다. 그로티우스는 네덜란드 독립전쟁 중에 태어났다. 당시 네덜란드는 스페인의 지배를 받고 있었다. 독립전쟁은 1568년에 시작되었다. 1581년에 오라녜 공 빌럼을 초대 총독으로 네덜란드 연방공화국이 선포되었지만 전쟁은 계속되었다. 네덜란드 축구팀을 오렌지 군단이라고 하는 것도 오라녜에서 유래한 것이다.

그로티우스는 어렸을 때부터 총명하여 신동으로 불렸다. 열한 살 때 네덜란드의 대학에 들어갔고 열여섯 살 때 프랑스의 대학에서 법학 박사 학위를 받았다. 그로티우스는 스물다섯 살 때부터 정치에 참여했는데, 아르미니우스파의 지도자 중 한 사람인 올덴바르네펠트의 보좌관직을 맡았다. 아르미니우스는 네덜란드의 개혁파 신학자로 조건부 예정설을 주장했다. 오늘날에도 미국의 감리교는 아르미니우스의 교리를 따르고 있다. 올덴바르네펠트는 연금국장을 맡았던 인물로 네덜란드와 프랑스의 동맹을 주선하는 정책에 개입했다. 그런데 프랑스가 스페인과 긴밀한 관계였기 때문에 프랑스와의 동맹이 네덜란드를 스페인에 팔아넘기려는 술책이라는 비판이 제기되었다. 1816년 그로티우스는 올덴바르네펠트와 함께 체포되어 이듬해 종신형을 선고받았다. 그로티우스는 1621년 감옥에서 탈옥한 후 프랑스와 독일 등을 떠돌다 1634년에 스웨덴으로 정치적 망명을 했다. 이듬해 프랑스 주재 스웨덴 대사로 임명되어 활동하다 1645년에 생을 마쳤다.

《전쟁과 평화의 법(De jure belli ac pacis libri tres)》은 그로티우스가 1625년 프랑스에 머물고 있을 때 쓴 책이다. 당시 루이 13세의 비호를 받던 그로티우스는 이 책을 루이 13세에게 봉정했다. 그로티우스는 이 책을 출판함으로써 근대적인 자연법 사상과 국제법 이론을 전개한 인물로 알려지게 되었다. 당시 스웨덴 여왕 크리스티나는 이 책을 읽고 감명을 받아 그로티우스를 초청했다. 그래서 그로티우스가 스웨덴으로 정치적 망명을 했던 것이다.

자연법의 아버지

그로티우스는 《전쟁과 평화의 법》에서 먼저 자연법에 대해 썼다. 자연법에 대한 탐구는 매우 오래전부터 시작되었다. 고대 그리스의 플라톤과 아리스토텔레스가 자연법에 대한 이론을 세운 이후 특히 중세에 들어 토마스 아퀴나스(Thomas Aquinas)가 이론체계를 완성했다. 토마스 아퀴나스는 신학과 종교철학을 토대로 자연법사상의 체계를 구축했다. 그러나 중세에서 근대로 이행하는 16~17세기에 새로운 사상이 등장하기 시작했고, 자연히 자연법에 대한 새로운 사상의 출현이 요구되었다. 그로티우스의 자연법 사상은 이런 시대적 요구의 반영이었다. 그로티우스 이후로 홉스, 로크, 루소 그리고 칸트 등이 자연법을 연구하여 근대 자연법 사상을 발전시켰다. 즉 새로운 철학의 등장과 근대 자연법 사상의 발전은 그 궤도를 같이했다. 이 근대 자연법 사상의 시초가 그로티우스였기 때문에 사람들은 그로티우스를 '자연법의 아버지'라고 부른다.

근대 자연법 사상이란 자연 상태의 인간, 즉 국가와 법이 생겨나기 이전 인간의 본성과 이성에 기초한 자연법 이론을 말한다. 그러므로 자연법은 신이나 자연과 분리된다. 자연법과 신 혹은 자연을 단절시킨 사람이 그로티우스다. 자연법이란 인간의 사회적 본성에 합치되는 공동생활의 법칙이다. 인간은 사회생활에 강한 욕구를 가지고 있다. 그런데 이 사회는 아무렇게나 이루어지는 것이 아니다. 이 사회는 여러 사람들이 자신들의 지성 정도에 따라 조직한 것이다. 사회의 목적은 평화로운 질서의 유지다. 이 목적을 이루기 위해 자연법이 생겨난다.

인간 지성과 일치하는 사회적 질서의 본능은 본래적 의미의 법, 즉 자연법의 원천이다. 이 법에는 우리가 타인의 것에 손대지 않는 것, 우리가 타인의 것을 점유하거나 점유한 것으로부터 이익을 얻었을 경우 그 점유물이나 이익을 반환하는 것, 약속을 지키는 것, 자기의 과실로 인한 손해를 배상하는 것, 자연법 등을 위반하여 벌을 받을 만한 사람에게 벌을 가하는 것이 포함된다.

그로티우스에 따르면 자연법은 오로지 인간 이성의 명령이다. 그로티우스는 다음과 같은 유명한 말을 남겼다. "자연법은 신이라 할지라도 바꿀 수 없는 불변의 것이다. 신의 힘은 측정할 수 없다고 하지만 그 힘이 미치지 못하는 것이 존재한다. …… 신조차도 2의 두 배가 4가 아니라고 말할 수 없는 것과 같이 본질적으로 나쁜 것을 나쁘지 않다고 말할 수 없다."

그로티우스는 자연법과 대비되는 법을 실정법이라고 했다. 그로티우스는 인간의 본성이 자연법의 어머니이자 실정법의 증조할머니라고 말한다. 자연법이든 실정법이든 원천은 인간의 본성이고, 자연법과 실정법의 관계만 보면 실정법은 자연법에서 나온다는 것이다. 그로티우스는 이렇게 말했다. "실정법의 어머니는 합의에 의한 의무다. 그런데 그 의무는 자연법에 의해 힘을 부여받는다. 따라서 인간의 본성은 말하자면 실정법의 증조할머니라고 해야 한다."

국제질서도 자연법에 기초해야 한다

그로티우스는 자연법 사상을 토대로 국제관계의 이론을 제시했다. 그로티우스가 국제관계의 이론을 제시한 데는 역사적 배경이 있다. 그로티우스가 활동하던 시절 스페인, 영국, 프랑스 등 유럽 열강들은 식민지 쟁탈전을 벌이고 있었다. 선두 주자는 스페인이었다. 스페인은 이른바 무적함대를 앞세워 해양의 패권을 장악하고, 아메리카 대륙을 비롯한 세계 각지에 식민지를 경영했다. 그런데 1588년 스페인의 무적함대가 영국 함대에 패배함으로써 해양의 패권은 영국에 넘어갔다. 당시 스페인과 독립전쟁을 하고 있던 네덜란드는 스페인 무적함대의 패배를 계기로 유리한 위치에 서게 되었다. 네덜란드는 스페인이 약화된 틈을 이용해서 식민지 쟁탈전에 본격적으로 뛰어들었다.

1602년에 인도네시아를 근거지로 하는 네덜란드 동인도회사가 설립되었다. 1604년 동인도회사는 22세의 그로티우스에게 네덜란드의 무역권을 빼앗는 스페인과 포르투갈에 반박할 논문을 의뢰했다. 이를 계기로 그로티우스는 국제법에 대해 연구를 시작하여 《포획법론(De jure praedae)》을 썼지만 당시에는 출간되지 않고 1868년에야 출간되었다. 이 책에서 그로티우스는 네덜란드 동인도회사의 상선대가 경쟁 상대인 포르투갈의 상선 카타리나 호를 포획한 사건을 다루면서 그 포획이 정당하다고 했다. 이 책에 담긴 주장은 이후《전쟁과 평화의 법》에서 다루는 정당한 전쟁의 이론적 기초가 되었다. 즉 피해를 입은 쪽이 자기 방어를 위해, 적을 응징하기 위해, 피해 배상을 위해 수행한 전쟁은 정당하다는 것이다.

《전쟁과 평화의 법》에서 그로티우스는 전쟁을 사적 전쟁, 공적 전쟁, 혼합 전쟁 등 세 가지 유형으로 나눴다. 사적 전쟁이란 전쟁을 수행할 합법적인 권한을 갖지 못한 자가 수행하는 전쟁을 말한다. 반대로 합법적인 권한을 가진 자가 수행하는 전쟁이 공적 전쟁이고, 사적 전쟁과 공적 전쟁의 성격이 섞여 있는 전쟁이 혼합 전쟁이다. 그로티우스는 권한을 가진 자의 전쟁일지라도 정당한 목적이 있어야만 정당한 전쟁이라고 말한다. 정당한 목적이란《포획법론》에서 밝힌 자기 방어, 적의 응징, 피해 배상이고 이 모두는 인간의 자기 보존이라는 본성, 즉 자연법에서 유래한다고 했다.

그로티우스는 1609년에《해양자유론(Mare liberum)》을 발표했다. 이 책에서 통상과 항해는 전 인류의 자유라며 해양 자유의 원칙을 주장했다. 이 원칙은《전쟁과 평화의 법》에서도 그대로 이어진다. 그로티우스는 사물을 크게 두 가지로 분류하여 모든 인간에게 공통되는 사물과 특정 개인의 소유가 될 수 있는 사물로 나눴다. 여기에서 세 가지 원칙이 나온다. 첫째, 모든 개인은 자신의 소유물을 자유로이 처분할 권리가 있고, 둘째, 모든 개인은 하천과 같은 공공의 것을 평등하게 사용할 자유가 있으며, 셋째, 만인은 해양을 통하여 항해와 통상을 할 자유가 있다.

이 중에서 해양에서의 항해와 통상의 자유는 자연의 섭리와 인간의 이성에 관련된 문제로서 오로지 만물의 어머니인 자연으로부터 나온 자연법의 원칙에 의한다는 것이 그로티우스의 주장이다.

그로티우스의 국제관계 이론은 네덜란드의 현실과 관련이 있다. 독립전쟁을 치르던 후발 주자 네덜란드가 국제 무대에서 겪고 있는 여러 어려움을 돌파해낼 이론적 기초로서 국제관계 이론이 제시되었던 것이다. 그런 면에서 그로티우스의 이론은 자신의 고용주였던 네덜란드 동인도회사 그리고 네덜란드와 스웨덴의 이익을 충실하게 대변하는 이론이었다는 비판을 받을 수도 있다. 그럼에도 그로티우스의 이론은 후발국의 입장에서 나온 것이었기 때문에 좀 더 보편적일 수 있었다는 긍정적 측면을 가지고 있다.

《전쟁과 평화의 법》은 제목과 달리 전쟁에 관한 내용을 주로 다루고 있다. 그러나 그로티우스는 정당한 전쟁과 정당하지 않은 전쟁을 구분함으로써 국제 분쟁을 어떻게 해결할 것인가에 대한 이론을 제공했다. 《전쟁과 평화의 법》의 주제를 한마디로 요약하면 국제 평화와 안전의 유지를 위해 주권국가가 최소한도의 법의 지배 아래 놓여야 한다는 것이다. 즉 어떤 국가든 국제법의 규율 아래 놓여야 한다고 주장한 것이다. 국가를 규제하는 국제법은 개별 국가의 의사에 따른 것이 아니고 본질적으로 자연법에서 유래한다. 이런 그로티우스의 주장은 강자 중심의 국제 질서에 대한 하나의 비판이라고도 할 수 있다.

그로티우스는 전쟁을 정당한 전쟁과 정당하지 않은 전쟁으로 나누고, 자기 방어와 적의 응징 그리고 피해 배상을 위한 전쟁을 정당한 전쟁이라 했다. 반면에 미국의 생물학자 에드워드 윌슨(Edward Wilson)은 전쟁이 자민족 중심주의에 의해 일어나는 폭력이라고 했다. 다음의 두 글을 읽고 '정당한 전쟁이 존재할 수 있는지'에 대해 생각해보자.

◆ ◆ ◆

그로티우스는 전쟁을 사적 전쟁, 공적 전쟁, 혼합 전쟁 등 세 가지 유형으로 나눴다. 사적 전쟁이란 전쟁을 수행할 합법적인 권한을 갖지 못한 자가 수행하는 전쟁을 말한다. 반대로 합법적인 권한을 가진 자가 수행하는 전쟁이 공적 전쟁이고, 사적 전쟁과 공적 전쟁의 성격이 섞여 있는 전쟁이 혼합 전쟁이다. 그로티우스는 권한을 가진 자의 전쟁일지라도 정당한 목적이 있어야만 정당한 전쟁이라고 말한다. 정당한 목적이란 《포획법론》에서 밝힌 자기 방어, 적의 응징, 피해 배상이고 이 모두는 인간의 자기 보존이라는 본성, 즉 자연법에서 유래한다고 했다.

– 본문 중에서

◆ ◆ ◆

◆ ◆ ◆

전쟁은 사회집단들이 지켜왔던 영토 금기라는 튼튼한 천이 폭력으로 찢겨나가는 것이라고 정의할 수 있다. 호전적인 정책의 배후에는 친족과 동료들에 대한 개인의 비합리적으로 과장된 충성심, 즉 자민족 중심주의가 있다. 원시인들은 세계를 두 가지 세계, 즉 집, 마을, 친족, 유순한 동물, 무당 등 가까운 세계와 이웃 마을, 동맹 부족, 적, 야생 동물, 유령 등 멀리 있는 세계로 나눈다. 이 구분은 공격하고 살해할 수 있는 적과 그럴 수 없는 동료를 쉽게 구별해준다. 브라질의 문두루쿠족 인간 사냥꾼들은 이런 구별을 실천했을 뿐만 아니라 자신들의 적을 말 그대로 사냥감으로 여겼다. …… 전쟁은 고급 예술로 승화되었고, 다른 부족들은 위험한 동물 무리로 간주되어 노련한 사냥꾼의 사냥감이 되었다. 습격은 매우 신중한 계획에 따라 이루어졌다. 문두루쿠족 사냥꾼들이 동트기 전의 어둠을 틈타 적의 마을을 포위하자 주술사가 소리도 없이 주민들을 깊은 잠에 빠뜨렸다. 공격은 새벽에 시작되었다. 짚으로 된 지붕에 불화살을 쏘아댄 다음 공격자들은 괴성을 질러대면서 숲에서 뛰쳐나와 마을로 달려갔다. 주민들을 공터로 몰아내서 남녀 가릴 것 없이 닥치는 대로 어른들의 목을 베었다. 마을 전체를 없애는 일은 어렵고 위험하기 때문에 공격자들은 희생자들의 목을 갖고 즉시 철수했다. 공격자들은 가능한 한, 멀리까지 가서 휴식을 취한 뒤에 집으로 돌아오거나 적이 있는 다음 마을로 향했다.

– 윌슨, 《인간 본성에 대하여(On Human Nature)》 중에서

◆ ◆ ◆

12

사형제도를 폐지하라

베카리아 《범죄와 형벌》

서울대 사상고전 100선에 선정된 핵심 포인트

몽테스키외와 루소(Jean Jacques Rouseau)의 영향을 받은 계몽주의 정신의 소산으로, 범죄를 사회계약 위반으로 보는 기본 관념에서 출발하여 예방 수단으로서의 교육, 형의 확정, 신속, 비례, 평등 및 완화 등 다방면으로 근대적 형사제도의 확립을 주장했다. 그러나 1760년대 형사법제도의 현실을 정확히 파악하지 못했다는 비판과 함께 비밀 소추, 여자의 증언, 함정 신문, 중범죄의 입증 등에 관한 중대한 오류가 지적되기도 한다.

– 최병조 서울대학교 법학과 교수

가명으로 출판된 베스트셀러

내가 지키지 않으면 안 된다는 법률, 나와 부유한 자의 사이에 그토록 큰 간격을 설정하는 이 법률이란 도대체 무엇인가? 부유한 자는 내가 한 푼만 구걸해도 거절하면서 나더러 일이나 열심히 하라고 윽박지른다. 누가 이따위 법률을 만들었는가? 빈민의 누추한 오두막에 발을 디딘 적도 없고, 배고픔에 우는 무고한 자식과 눈물 젖은 아내와 함께 곰팡내 나는 빵 부스러기를 먹을 필요가 없는 부유층과 권력층이 만든 것 아닌가. 다수의 생존을 위협하고 오직 소수의 나태한 압제자에게만 이로운 이 굴레를 부수어버리자. 나는 원래의 독립 상태로 돌아가겠다. 내가 슬퍼하고 후회할 날이 올 수도 있다. 하지만 하루 동안의 고통은 짧다.

혁명가의 법정 최후진술이 아니다. 베카리아(Cesare Bonesana Marchese di Beccaria, 1738~1794)가 《범죄와 형벌(Dei delitti e delle pene)》에서 절도범이나 암살범의 범행 동기를 추론한 내용이다. 여기에서 '하루 동안의 고통은 짧다'는 사형을 당하는 것을 말한다. 베카리아는 사형이 사형수에게 짧은 공포와 고통을 주지만 범죄를 예방하는 효과는 크지 않다고 말한다. 그래서 베카리아는 사형제도의 전면 폐지를 주장했다.

베카리아는 이탈리아 밀라노에서 태어났다. 아홉 살 때 파르마에 있는 예수회 학교에 들어갔는데, 훗날 그곳에서 받은 교육이 인간 정신의 발달을 질식시키는 광신적인 것이었다고 회고했다. 그는 파비아 대학교를 졸업하고 스물세 살 때 부모의 반대를 무릅쓰고 결혼했다. 밀라노에서 국가위원회 위원과 치안판사를 역임하면서 계몽주의적인 문인 단체에 가입하여 활동했다.

《범죄와 형벌》은 베카리아가 1763년 함께 문인 단체 활동을 하던 피에트로 베리(Pietro Verri)의 권유로 쓰기 시작하여 그 이듬해인 1764년에 출판한 책이다. 이 책은 공전의 베스트셀러가 되어 1765년 프랑스어판이 나온 것을 시작으로 1800년까지 23개의 이탈리아어판, 14개의 프랑스어판, 11개의 영어판이 나왔다. 그 외에도 네덜란드, 스페인, 덴마크, 그리스, 러시아, 일본 등 여러 나라에서 번역판을 간행했다. 이렇듯 전 세계적으로 유명한 책이지만 이탈리아에서 처음 출판될 때 베카리아는 자신의 이름을 감추고 가명으로 발표했다. 이 책이 나올 당시는 절대왕정의 말엽이었다. 베카리아가 죽기 2년 전에야 프랑스 대혁명이 일어나 절대왕정이 무너졌다. 절대왕정은 자신들의 체제를 지키기 위해 사상 탄압을 했다. 더욱이 이탈리아는 로마 교황청의 영향력이 막강했다. 로마 교황청은 이 책이 나오자 200년 동안이나 금서로 지정했다. 그러나 오늘날 이 책은 형사법에 관한 가장 중요한 책 중의 하나로 꼽히고 있다.

권력 남용을 견제한 사람은 드물었다

베카리아는 서론에서 《범죄와 형벌》을 쓴 이유를 밝혔다.

> 인쇄술의 발달로 확산된 철학적 진리는 군주와 그 백성 그리고 여러 국가 사이의 참된 관계를 사람들에게 인식시켜주었다. 상업이 활기를 띠면서 여러 나라 사이에는 이전의 전쟁보다 훨씬 인도적이고 이성적인 전쟁, 즉 근면성의 경쟁이 시작되었다. 이런 훌륭한 일이 가능했던 것은 우리 시대의 창조적 계몽정신 때문이다. 그러나 형벌의 잔혹성과 형사 절차의 불규칙성을 연구하고 그것들과 맞서 싸운 사람은 거의 없었다. …… 잔혹하고 무지한 자와 나태한 부자들에 의해 희생된 약자의 신음 소리, 증거도 없이 혹은 가상적인 범죄를 구실로 잔혹하게 가해지는 고통, 불확실한 혐의를 받고 있는 사람에게 가해지는 잔인한 고문, 한층 악화된 감옥의 더러움과 공포. 이 모든 사항에 대해 법률가들은 주목했어야 했다.

베카리아는 계몽주의 시대의 성과와 부족한 점을 요약하면서 자신이 하고자 하는 일에 대해 썼다. 계몽주의 시대에는 인간 이성에 대한 각성, 주권재민 의식의 발전, 중세에 대한 신랄한 비판과 새로운 시대에 대한 비전이 널리 선전되었다. 인쇄술의 발달로 수많은 책자, 팸플릿 등이 발간되면서 계몽사상은 급격히 확산되었다. 베카리아는 계몽사상의 세례를 받은 사람이었다. 베카리아는《범죄와 형벌》서론에서 장 자크 루소를 '진리의 첫 번째 씨앗을 뿌린 용기 있는 철학자'라고 극찬했다. 그러나 베카리아가 볼 때 형벌에 대해 연구하고 싸운 계몽사상가는 없었다.

사실 절대왕정 시대에 자의적 권력 남용으로 인해 수많은 사람들이 고통을 당하고 심지어 죽임을 당했다. 프랑스 대혁명이 일어났을 때 파리 시민들이 가장 먼저 습격한 곳이 바스티유 감옥이었다. 수많은 사람들이 무고하게 끌려가 고통당한 곳이었기 때문이다. 바스티유 감옥은 프랑스 절대왕정의 상징이었다. 계몽주의 사상가들이 절대왕정의 권력 남용에 대해 여러 측면에서 비판했지만 베카리아 이전에 형벌 문제를 정면으로 다룬 사상가는 없었다.

형벌의 목적은 범죄 예방

베카리아는 먼저 형벌과 형벌권이 어디에서 나왔는지를 밝힌다. 베카리아는 형벌의 기원을 사회계약에서 찾았다. 법은 인간들이 하나의 사회를 형성하기 위한 조건이다. 원시 상태에서 인간은 끊임없이 전쟁을 한다. 그래서 인간들은 자신의 자유를 보전하기 위해 그 자유의 일부를 할애하여 법을 만듦으로써 나머지 몫의 자유를 평온하고 안전하게 누리고자 했다. 그런데 인간들 중에는 법을 어기고 원래의 전쟁 상태로 돌아가고자 하는 자가 있다. 이런 자들을 제어하기 위해 형벌이 만들어졌다. 형벌은 개인적 자유의 일부를 제한하는 것이다. 그러므로 형벌을 집행하는 형벌권은 최소한의 권한이어야 한다. 그 한도를 넘어서는 형벌권은 권력 남용이다. 베카리아는 권력 남용에 대해 "법적인 권리가 결코 될 수 없다"고 말한다. 베카리아는 형벌과 형벌권의 기원을 밝힘으로써 절대왕정의 폭압적 권력 행사가 아무런 법적 정당성이 없다고 주장했다.

그러면 형벌의 목적은 무엇인가? 범죄자의 응징인가? 베카리아는 형벌의 목적이 인간을 괴롭히는 것이 아니라고 말한다. 또한 이미 저지른 범죄를 원상태로 회복하려는 것도 형벌의 목적이 아니다. 형벌의 목적은 범죄의 예방이다.

형벌의 고통을 당하고 있는 불행한 자의 비명 소리가 이미 행해진 범죄를 원상태로 되돌릴 수 있는가? 형벌의 목적은 오직 범죄자가 시민들에게 새로운 피해를 입히는 것을 예방하고, 타인들이 유사한 행위를 하지 못하도록 억제하는 것뿐이다.

베카리아는 형벌이 반드시 범죄자에게 큰 고통을 주어야 하는 것은 아니라고 말한다. 오히려 범죄자의 신체에 고통을 덜 주는 방법을 선택하라고 말한다. 잔혹한 형벌은 박애(博愛) 정신에 비추어 잘못된 것일 뿐만 아니라 정의에도 어긋나고 사회계약의 본질과도 상반되기 때문이다. 그래서 베카리아는 가장 잔혹한 형벌인 사형제도에 반대한다. 어떤 인간도 자신의 이웃을 죽일 권한이 없듯이 어떤 국가도 개인을 죽일 권리를 갖지 못한다. 인간이 자유의 일부를 할애하여 법과 국가를 만들 때 그 할애한 자유에는 생명의 자유가 포함되지 않는다. 그러므로 사형제도는 사회계약의 본질에 어긋난다. 뿐만 아니라 사형은 범죄 예방에도 효과가 크지 않다. 베카리아는 역사적 사례를 들어 사형이 범죄 예방에 효과가 없었다고 주장했다.

베카리아는 범죄를 예방하려면 형벌의 강도보다는 지속성이 중요하다고 보았다. 왜냐하면 인간 정신에 지속적인 영향을 주어야 하기 때문이다. 사형당하는 장면은 사람들에게 공포감을 주지만 그 효과는 일시적이다. 사형은 하나의 구경거리에 지나지 않는다. 그리고 시간이 지나면 사람들은 사형 장면에 대한 기억을 잊어버린다. 베카리아는 사형제도에 대한 대안으로 종신 노역형을 제시했다. 종신 노역형은 사람들에게 '범죄를 저지르면 평생 저렇게 비참하게 사는구나!'라는 관념을 지속적으로 불러일으키기 때문이다. 다음은 형벌에 관한 베카리아의 유명한 명제다.

형벌이 그 목적을 달성하려면 범죄자가 그 형벌로 받는 손실이 범죄로부터 얻은 이득을 넘어서는 정도면 족하다. 이득을 넘어서는 손실을 계산할 때는 처벌의 확실성과 범죄로 인한 재화의 손실 부분을 계산에 넣어야 한다. 그 이상의 처벌은 불필요할 뿐만 아니라 폭압적인 처벌이 된다. 인간의 행동은 자신이 알지 못하는 고통에 의해 규제되는 것이 아니라 자신이 알고 있는 고통이 반복된다는 사실에 의해 규제된다.

베카리아는 형벌의 목적이 범죄의 예방에 있다고 주장했다. 또한 인간은 이웃을 도살할 권리가 없다고 하여 사형제도에 반대했다. 반면 칸트(Immanuel Kant)는 형벌의 목적이 범죄에 대한 응보(應報)라고 주장했다. 그래서 사형제도에 찬성했다. 두 사람의 글을 읽고 '형벌의 목적'이 무엇인지 생각해보자.

◆ ◆ ◆

형벌의 목적은 오직 범죄자가 시민들에게 새로운 해악을 입힐 가능성을 방지하고 타인들이 유사한 행위를 할 가능성을 억제하는 것이다. 따라서 형벌과 형벌의 집행 수단은 범죄와 형벌 간의 비례관계를 유지하면서 인간의 정신에 가장 효과적이고 지속적인 인상을 만들어내는 동시에 수형자의 신체에는 가장 적은 고통을 주는 것이어야 한다.

– 베카리아, 《범죄와 형벌》 중에서

◆ ◆ ◆

법관의 형벌은 결코 범죄자 자신을 위해서 또는 시민사회를 위해서 어떤 다른 선을 조장하기 위한 수단일 수 없다. 형벌은 범죄자가 죄를 범했기 때문에 가해지는 것이다. 형벌은 일종의 정언명령*이다. …… 시민사회가 그 구성원의 합의에 의해 해체된다 하더라도(예컨대 한 섬에 사는 백성들이 그 섬을 해체하고 다른 세상으로 흩어지기를 결의한 경우처럼) 감옥에 남아 있는 마지막 한 사람의 살인자만은 미리 처형하고 나와야 한다. 이를 통해 모든 사람은 자신의 범죄가 어떤 값을 치르게 되는지를 경험하게 된다. 만약 처형하지 않는다면 피 흘린 죄가 전체 백성에게 돌아가게 된다. 왜냐하면 처형을 하지 않은 백성도 정의에 대한 공공연한 침해에 동참자로 간주될 수 있기 때문이다.

– 칸트, 〈법 이론의 형이상학적 기초 원리〉 중에서

* **정언명령** : 무조건적 명령

◆ ◆ ◆

13

권리 위에서 잠들지 마라

예링 《권리를 위한 투쟁》

서울대 사상고전 100선에 선정된 핵심 포인트

법의 목표인 평화를 위해서는 각자가 투철한 법의식을 가지고 자신의 권리를 주장·실현해야 한다는 취지의 인권선언적 연설이다. 아직도 많은 오해를 받고 있는 이 법학자의 인격주의적 윤리관, 진보적 역사관, 참을성 있는 낙관주의를 전체로서 파악하지 않는 한, 이 연설에 반영된 인간학적 출발점으로서의 이기주의, 자연법 이념에 대한 비판, 유명론적(唯名論的)인 사상 경향 등은 제대로 이해되지 않는다.

– 최병조 서울대학교 법학과 교수

불법에 맞서지 않는 법은 법이 아니다

베니스의 상인 안토니오는 친구 바사니오로부터 벨몬트에 사는 포샤에게 구혼하기 위한 여비를 마련해달라는 부탁을 받는다. 안토니오는 자신의 배를 담보로 유대인 고리대금업자 샤일록에게 돈을 빌린다. 안토니오를 미워하던 샤일록은 기한 내에 돈을 갚지 못하면 안토니오의 가슴살 1파운드를 베어낸다는 조건을 걸었다. 바사니오는 포샤에게 청혼하여 승낙을 받지만 안토니오는 배가 돌아오지 않아 샤일록에게 빌린 돈을 갚지 못하게 되었다. 이 사실을 알게 된 포샤가 재판관으로 변장하고 와서 안토니오의 목숨을 구한다.

셰익스피어의 유명한 희곡 《베니스의 상인》의 줄거리다. 포샤의 판결은 가장 인간적인 판결로 칭송받았다. 포샤의 판결은 이러했다. '1파운드의 살을 베어내되 피가 나서도 안 되고 베어낸 살이 꼭 1파운드여야 한다.' 그런데 예링(Rudolf von Jhering, 1818~1892)은 이 판결에 이의를 제기했다. 예링은 피 없이 살은 존재할 수 없으므로 1파운드의 살에는 피가 포함되어야 하고 1파운드의 살을 베어낼 권리를 가진 자는 그보다 적게 베어낼 수도 있다고 반박한다. 예링의 비판은 샤일록에게 1파운드의 살을 베어낼 권리가 주어졌으므로 그 권리가 행사될 수 있도록 해야 한다는 것이다. 예링은 안토니오와 샤일록이 맺은 계약이 잘못된 것이라면 그 계약 자체를 무효화해야 한다고 말한다. 그러지 않고 계약은 인정하면서 계약이 이행되지 않게 하는 것은 잘못이라는 얘기다.

사실 예링의 비판은 희곡 속의 인물 포샤가 아니라 그 희곡을 쓴 셰익스피어를 향하는 것이다. 특히 샤일록이 받은 판결을 그대로 인정한 셰익스피어의 글이 잘못되었다고 했다. 샤일록의 권리가 사기로 무효화되었다면 샤일록은 판결에 수긍하는 대신 권리를 찾기 위해 투쟁해야 한다. 이것이 예링 사상의 정수다.

예링은 독일에서 태어났다. 스물네 살 때 베를린 대학교에서 박사 학위를 받고 그 이듬해부터 베를린, 괴팅겐, 바젤, 로스토크, 빈, 슈트라스부르크 대학교 등에서 법학 교수로 활약했다. 《권리를 위한 투쟁(Der Kampf ums Recht)》은 예링이 1872년 오스트리아의 빈 법조협회에서 한 연설을 정리하여 출판한 책이다. 이 책은 출판 즉시 명성을 얻어 1921년까지 무려 20판이 간행되었다.

투쟁 없는 법은 무기력하다

예링이 《권리를 위한 투쟁》을 쓴 목적은 제목에 드러난다. 흔히 권리 위에 잠자는 자의 권리는 없다고들 말한다. 예링은 권리를 지키고 권리를 누리려면 투쟁하라고 한다. 《베니스의 상인》에서 샤일록에 대한 판결은

범죄자를 끊임없이 쫓고 있는 정의의 여신 디케

인간적이다. 그러나 예링은 묻는다. 인간적으로 행해진 불법은 불법이 아닌가? 예링은 이 세상이 존속되는 한, 권리를 침해하는 불법이 계속될 것이라고 말한다. 그래서 법의 생명은 투쟁이라고 말한다.

이 세상의 모든 권리는 투쟁을 통해 쟁취된다. 중요한 모든 법은 무엇보다도 이 법에 반대하는 사람들에 맞서 투쟁함으로써 쟁취된 것이다. 또한 모든 권리는 그것이 민족적 권리이든 개인적 권리이든 그 권리를 행사하기 위해 끊임없이 투쟁할 준비를 전제로 한다. 권리는 단순한 사상이 아니라 살아 있는 힘이다. 정의의 여신은 한 손에는 권리를 재는 저울을 들고 다른 한 손에는 권리를 관철시키는 검을 쥐고 있다. 저울이 없는 검은 적나라한 폭력에 지나지 않고 검이 없는 저울은 무기력한 법일 뿐이다. 저울과 검은 서로 결합되어 있으며, 완전한 법률 상태란 정의의 여신이 검을 사용하는 힘과 저울을 다루는 숙련된 기술이 서로 합치되는 곳에서만 나타난다.

투쟁 없이는 권리가 없다. 그렇지만 법의 목적은 평화다. 그래서 예링은 《권리를 위한 투쟁》을 "법의 목적은 평화이며, 평화를 얻는 수단은 투쟁이다"라는 유명한 문구로 시작했다. 예링은 이렇게 말한다.

법의 개념 가운데 투쟁과 평화라는 대립적 요소가 함께 발견된다. 법의 목적인 평화와 법의 수단인 투쟁, 이 두 가지는 법의 개념 속에 똑같이 주어져 있어 법 개념과 분리되지 않는다. 그런데 사람들은 나의 이런 입장에 대하여 이의를 제기할 수도 있을 것이다. 즉 투쟁이란 법에 반하는 것, 바로 분쟁을 말하는 것이며, 법의 질서 상태를 파괴하고 부정하는 것을 의미한다고 이의를 제기한다. 그렇다면 투쟁 가운데는 법 개념의 요소가 하나도 없는 것이 아닌가. 만약 법에 대한 불법의 투쟁이 문제된다면 그 이의는 옳을지도 모른다. 그러나 여

기서는 불법에 대한 법의 투쟁이 문제가 되어 있다. 불법에 맞서는 투쟁이나 저항이 없다면 법은 자기 자신을 포기하는 것과 다를 바 없다. 법이 이처럼 불법으로부터의 공격에 대항하는 것으로 파악된다면 투쟁은 법에 있어서 빼놓을 수 없는 요소가 된다. 그렇다면 투쟁은 법과 무관한 개념이 아니고 오히려 법의 본질과 분리할 수 없도록 밀착되어 있는 법 개념의 한 요소다.

예링에게 법 개념은 논리적인 개념이 아니라 실천적인 개념이다. 이 실천의 원천은 권리다. 예링에게 권리는 인간의 실존 조건이다. 생명권, 신체권, 재산권, 자유권, 명예권, 인격권 등의 확보 없이 인간은 인간으로서 생존할 수 없다. 법은 이런 권리들을 확보할 목적을 가지고 있으며 그 내용은 권리의 객관화된 '사진' 이외에 아무것도 아니다. 법학에서 권리를 '주관적 법'이라고 하고 법을 '객관적 권리'라고 부르는 이유가 여기에 있다. 이 양자는 마치 동전의 앞뒤 면과 같은 관계다. 따라서 권리를 위한 투쟁은 법을 위한 투쟁을 의미한다.

불법을 감수하지 마라

예링은 권리의 내용을 이익으로 파악한다. 즉 법에 의해서 확보된 이익이 법적 권리다. 그래서 권리를 위한 투쟁은 동시에 이익을 위한 투쟁이 된다. 그런데 예링은 단지 물질적, 경제적 이익만이 아니라 정신적, 인격적 이익에도 중점을 둔다. 순수한 인격적 권리 침해는 물론이고 재산적 권리 침해의 경우에도 인격이 침해되고 있음을 간과해서는 안 된다고 말한다. 따라서 일체의 권리 침해에서 궁극적으로 문제가 되는 것은 인간의 존엄과 가치다. 그래서 권리를 위한 투쟁은 정의의 실현으로 나아간다.

권리를 위한 투쟁은 순수한 이해타산이라는 낮은 단계에서 시작하여 인격을 주장하고 인격을 보호하는 이상적 동기에 이른다. 그리고 마침내 정의의 이념이 실현되는 관점에까지 이르게 된다. 정의의 이념 실현이 최고의 정점이다.

그러므로 예링은 침해된 재산권에 대해서도 단순한 금전적인 보상만이 아니라 정신적 보상이 따라야 한다고 주장한다. 예링은 로마법과 비교하여 오늘날 법의 문제점을 지적한다. 로마시대의 민사상 제재는 정신적 보상까지 만족시키는 것이었는데, 오늘날 사법상의 손해배상에는 이런 배려가 없다고 비판한다. 이런 것을 예링은 '물질주의'라고 부른다.

예링의 사상에서 한 가지 더 주목할 것은 권리를 위한 투쟁이 개인을 위한 것일 뿐만 아니라 국가 공동체의 존립을 위해 필요하다는 것이다. 예링은 묻는다. 자신의 권리를 지키고 권리를 위해 행동하지 않는 사람이 어떻게 전체의 권리를 위해 자기 생명과 재산을 기꺼이 바치겠는가? 권리 의식이 뚜렷하지 못한 국민은 결국 국가의 권리도 제대로 인식하지 못한다. 예링은 외부의 적으로부터 국가를 방어하기 위해서는 막대한 국방 예산보다 국민들의 투철한 권리 의식이 더 필요하다고 말한다. 따라서 내 것을 빼앗기지 않고 어떤 일이 있어도 지킨다는 권리 의식의 함양이야말로 최선의 정치 교육인 셈이다. 이런 관점에서 예링은 침략자보다 짓밟히는 자를 더욱 비난했다.

예링은 '불법을 행하지 말라!'는 금지 명령보다 '불법을 감수하지 말라!'는 요구 명령을 우선시했다. 이 요구 명령에 상응하는 자기주장이 바로 '권리를 위한 투쟁'이다. 예링은 권리를 위한 투쟁을 도덕적 자기 보존의 의무로까지 생각했다. 도덕적 자기 보존의 의무를 태만히 하는 사람은 자신의 도덕적 실존 조건을 포기하는 사람으로서 도덕적 자살자다. 그러므로 권리 침해를 감수하는 사람은 자기 자신을 노예나 동물의 수준으로 전락시키는 사람이며, 법의 정신을 좀먹는 사람이다. 불법과 불의를 감수하고 관용하는 비겁과 무관심은 당연히 없어져야 할 것으로, 법이 용서하지 못할 죄를 짓는 것이다.

예링은 "투쟁은 권리의 영원한 작업이다. 투쟁 가운데서 너는 너의 권리를 발견해야 한다"고 말한다. 인간의 권리가 공짜로 주어지는 것이 아니라 투쟁에 의해 쟁취되어야 함을 한마디로 표현한 것이다. 예링은 한 시인의 시구를 인용함으로써 《권리를 위한 투쟁》의 대미를 장식한다. "자유와 생명을 쟁취하는 사람만이 자유와 생명을 누릴 권리가 있다."

예링은 권리가 투쟁을 통해 쟁취된다고 주장했다. 왜냐하면 권리를 침해하는 불법이 계속될 것이라고 보았기 때문이다. 장 자크 루소는 스스로 속박에서 벗어나 자유를 찾는 것이 중요하다고 주장했다. 그리고 사회질서가 기초적인 법이지만 그 법은 인간들의 계약에 의해 성립되었다고 했다. 두 사람의 글을 읽고 '권리 지키기'에 대해 생각해보자.

◆ ◆ ◆

이 세상의 모든 권리는 투쟁을 통해 쟁취된다. 중요한 모든 법은 무엇보다도 이 법에 반대하는 사람들에 맞서 투쟁함으로써 쟁취된 것이다. 또한 모든 권리는 그것이 민족적 권리이든 개인적 권리이든 그 권리를 행사하기 위해 끊임없이 투쟁할 준비를 전제로 한다. 권리는 단순한 사상이 아니라 살아 있는 힘이다. 정의의 여신은 한 손에는 권리를 재는 저울을 들고 다른 한 손에는 권리를 관철시키는 검을 쥐고 있다. 저울이 없는 검은 적나라한 폭력에 지나지 않고 검이 없는 저울은 무기력한 법일 뿐이다. 저울과 검은 서로 결합되어 있으며, 완전한 법률 상태란 정의의 여신이 검을 사용하는 힘과 저울을 다루는 숙련된 기술이 서로 합치되는 곳에서만 나타난다.

– 예링, 《권리를 위한 투쟁》 중에서

◆ ◆ ◆

◆ ◆ ◆

인간은 자유인으로 태어났다. 그럼에도 인간은 도처에서 질곡에 매여 신음한다. 개개인은 타인의 지배자를 자처하지만 사실 그 타인 못지않은 노예적 상태에 있는 것이다. 어떻게 이런 변화가 일어난 것일까? 나는 그것을 설명할 수가 없다. 그러면 왜 이런 변화가 정당한 것처럼 되었을까? 이 문제에는 해답을 줄 수 있다고 생각한다. 만일 폭력과 그 폭력에 따르는 결과만을 고려한다면 이렇게 말할 수 있을 것이다. "어떤 인민이 강요받은 대로 복종을 하고 있다면 그 인민은 현명하다. 그러나 그 인민이 속박에서 벗어날 수 있는 힘이 생기자 구속에서 스스로 벗어나 자유의 몸이 된다면 그 인민은 더욱 현명하다 할 것이다. 왜냐하면 인민에게서 자유를 빼앗은 것과 똑같은 권리로써 인민이 자유를 되찾은 것이므로 자유를 회복한 인간의 행위를 정당하다고 보거나, 아니면 반대로 자유를 폭력으로 빼앗은 자들이 정당하지 않다고 보아야 하기 때문이다." 사회질서는 다른 모든 질서의 기초가 되는 신성한 법이지만 이 법은 자연적으로 생겨난 것이 아니라 계약에 의해 성립된 것이다.

– 루소, 《사회계약론(Du contrat social)》 중에서

◆ ◆ ◆

14

서유럽만이 진보를 이루었다

메인 《고대법》

서울대 사상고전 100선에 선정된 핵심 포인트

인도-유럽법을 주된 소재로 하여 인류 전체를 통한 법의 발전법칙을 논했는데, 자연법론의 비과학성과 분석 법학의 인간성 이해 부족을 비판하고, 원시 사회에서 현대 사회로의 추이를 특히 '신분에서 계약으로'라는 방식에 의해 설명했다. 그의 원시 사회는 가부장적 사회였다(바흐오펜 류의 모권사회 이론에 대한 반대). 법인류학의 정초자(定礎者)로서 특히 형식주의와 비전(秘傳)의 기반으로 특징 지워진 관습법의 구조적 원리들을 분석했다.

– 최병조 서울대학교 법학과 교수

신분에서 계약으로

사회의 진보적 변화는 지금까지 어느 곳에서나 신분에서 계약으로의 변화였다.

메인(Henry James Summer Maine, 1822~1888)은 자신의 주저 《고대법(Ancient Law)》에서 이렇게 말했다. 여기서 메인은 '신분에서 계약으로'라는 유명한 말을 남겼다. 이 표어는 중세 사회에서 근대 사회로 넘어오는 모습을 보여주는 상징으로 사용되고 있다. 그런데 메인이 '신분'이라는 말을 사용했다는 사실에 주목해야 한다. 메인보다 한 세기 전에 살았던 계몽사상가들은 '신분'이 아니라 '자연 상태'라는 말을 사용했다. 그들은 인간이 자연 상태에서 계약을 맺었다는 사회계약론을 주장했다. 메인이 신분이란 말을 사용한 것은 계몽사상가들의 사회계약론, 자연법 이론에 대한 비판이었다.

메인은 스코틀랜드 록스버러셔에서 태어났다. 케임브리지 대학교에서 배우고 케임브리지 대학교에서 '고대법'을 주제로 학생들을 가르쳤다. 인도 총독부 위원회의 일원으로서 인도법을 제정하는 데 중요한 역할을 담당했다. 정치적으로는 보수주의자로서 민주주의를 중우정치라고 비판하고 상원의 역할 강화를 주장했다. 《고대법》은 메인이 케임브리지 대학교와 법조학원에서 로마법에 대해 강의한 내용을 모아 1861년에 발표한 책이다. 제목은 '고대법'이지만 실제로는 로마법에 대한 연구서다. 메인은 이 책에서 로마법에 고대 정신이 집약되어 있고, 근대법은 로마법을 모태로 생겨났음을 밝히고자 했다. 반면 메인은 인도나 중국 같은 동양의 법을 고대법에서 제외했다. 인도와 중국의 법이 근대법 형성에 역할을 했다고 생각하지 않았기 때문이다.

사회계약은 없었다

계몽사상가들은 자연 상태에서 '인간은 자유롭고 평등했다'고 했다. 자연 상태에서 인간들이 계약을 맺어 국가가 탄생했다. 자연 상태에서 인간들은 자율적으로 생겨난 자연법을 따랐다. 그러므로 자연법은 인간의 본성과 이성에 기초한 법이다. 따라서 사회계약에 의해 생겨난 국가의 법은 당연히 자연법을 토대로 해야 한다. 이런 계몽사상가들의 주장은 인간을 노예 상태로 묶어두고, 자의적으로 권력을 행사하는 절대왕정에 대한 비판이었다.

메인은 《고대법》에서 사회계약론과 자연법에 반기를 들었다. 메인은 자연 상태를 설정한 것은 착각이라고 했다. 계몽사상가들이 주장하는 자연 상태는 인류 역사에 존재하지 않았고 이론을 세우기 위해 만들어낸 가상에 불과하다는 것이다. 그러므로 메인은 자연 상태를 전제로 하는 사회계약과 자연법 이론은 잘못된 것이라 보았다.

> 자연법이나 사회계약 같은 이론은 그럴듯하게 보인다. 그러나 엄격한 검증을 거치지 않은 이론 중에는 사회나 법의 역사에 관한 진지한 연구보다 일반인의 선호에 따른 이론이 있다. 이런 이론은 이론의 핵심이 드러나게 되는 어느 한 지점에서 독자들의 관심을 다른 곳으로 돌리게 하여 진리를 불명확한 것으로 만든다. 이런 이론이 일단 지지를 받고 신뢰를 얻게 되면 그 이론은 후대의 법학에 매우 현실적이고 아주 중대한 영향력을 미치게 된다.

자연법이나 사회계약 이론은 진지한 연구보다 일반인의 선호에 따른 이론이라는 것이다. 그래서 메인은 자연법이나 사회계약 이론이 정치적 구호 또는 문학적 상상의 결과일 뿐이라고 했다. 메인은 인류의 초기 상태를 원시 사회 상태라고 했다. 물론 메인의 주장은 당대 인류학의 연구 성과를 반영한 것이었다. 그러나 메인의 주장은 과학이라는 칼로 계몽사상가들의 심장을 도려내는 것이었다. 계몽사상가들의 핵심적인 주장은 '자유와 평등'이었다. 자연 상태는 자유와 평등을 주장하기 위한 설정이었다. 그런데 메인은 설정이 허구이므로 그에 따른 주장 역시 잘못된 것으로 몰아갔다. 그래서 메인은 "자연 상태 이론의 영향을 받은 프랑스 대혁명의 결과는 실망스러운 것이었다"라고 평가했다.

서유럽만이 진보 사회다

그러면 법은 어디에서 생겨났을까? 메인은 특정 종족이 각자의 원시적 역사에 관하여 보존하고 있는 기록 그리고 고대법에 대한 탐구에서 해답을 찾으려 했다. 메인은 성서, 그리스 로마 신화, 호메로스의 시, 타키투스 같은 고대 역사가들의 저작 등을 탐구했다. 그러나 중국 등 동양의 자료는 탐구 대상에서 제외했다. 메인은 동양 사회에는 진보가 없다고 보았기 때문이다.

메인이 인류 역사에 나타난 사회를 정체 사회와 진보 사회로 구분한 데서 의도가 드러난다. 인류 사회에서 정체 상태가 본래의 모습이고 진보 상태는 예외적이라고 했다. 진보 사회는 근대 문명의 씨앗을 잉태한 곳에서 나타난다. 서유럽만이 근대 문명의 씨앗을 잉태했고 진보 사회를 이루었다.

정체 사회와 진보 사회의 차이점은 아직 풀어야 할 과제들 가운데 가장 큰 과제다. …… 인류의 정체적 상태가 본래의 모습이고 진보적 상태가 예외라는 사실을 명확하게 이해하지 못하면 이 문제에 대한 고찰을 성공적으로 이끌 수 없다. 그리고 그 고찰을 성공적으로 이끌어 가기 위한 또 다른 필수 불가결한 조건은 로마법에 대한 정확한 이해다. 로마법제는 인간이 알고 있는 제도 중에서 가장 오래된 것이다.

메인의 연구는 로마법으로 향했다. 메인은 로마법제가 인류 역사상 가장 오래된 제도라고 말했다. 그러나 그 말은 사실이 아니다. 이미 그 이전부터 동서양을 막론하고 법제가 있었다. 이라크에 남아 있는 함무라비 법전은 기록된 것으로는 가장 오래된 법전이고, 동양에도 로마가 생기기 수천 년 전부터 법제가 존재했음이 기록으로 남아 있다. 메인은 이런 사실을 몰랐거나 아니면 무시했다. 서양에서만 근대 문명이 생겨날 수밖에 없음을 강변하기 위해 로마법을 가장 모범으로 삼았다.

메인은 성서와 로마법을 논거로 하여 초기 인류 사회에 대한 연구 결과 가부장제설이 확립되었다고 했다. 원시 사회는 가족 사회다. 가족은 씨족으로, 씨족은 부족으로 발전했고 마침내 국가가 탄생했다. 이런 발전 과정에 맞춰 법은 족장의 판결, 관습법, 불문법, 성문법으로 발전해 왔다. 최초에 법은 가족에 관한 법으로 시작되었다. 메인은 국가에서도 여전히 사회의 기본적 집단은 가족이기 때문에 가족법이 중심이라고 보았다. 메인은 초기의 가족이 가부장적 질서로 이루어졌기 때문에 가족법 또한 가부장적 가족관계를 표현한다고 했다.

가부장제란 최고 권력자인 남자에 대한 복종으로 가족이 이루어진다는 것이다. 가장 나이 많은 아버지나 지배자가 가족 내에서 절대적 권력자다. 지배자는 가족 성원의 생사여탈권뿐만 아니라 자녀와 전 세대에 대한 절대적 지배권을 가진다. 가부장제 아래에서 자녀는 노예와 다를 바가 없다. 아들들은 나중에 한 가족의 우두머리가 될 수 있는 지위를 가지고 있다는 점에서만 노예와 다르다. 메인은 가족법이 이런 가부장권을 제도화한 것이라고 했다. 로마법은 가부장제적 가족관계를 가장 잘 정리해놓은 법이다.

메인은 초기 사회에서 가족이 가부장제적 관계였음을 증명하기 위해 그리스 시인 호메로스의 《오디세이아》에서 몇 구절을 인용한다.

그들은 상담하기 위한 회합도 테미스테스도 갖지 않지만 누구든지 그 처나 자녀에 대하여 사법권을 행사하고 그들 상호 간에는 특별한 배려를 하지 않았다.

테미스테스는 정의의 여신을 상징하는 테미스의 복수형으로 판결이라는 의미다. 메인이 강조하려던 것은 가부장이 처나 자녀에 대해 절대적 권위를 가졌다는 것이다. 메인은 가부장권이 사라지는 것에서 진보를 찾았다. 메인에 따르면 로마를 제외한 지역에서는 가부장권의 소멸을 보여주는 증거가 없다. 그래서 로마를 제외한 사회는 정체되었다.

메인은 가부장적 가족관계가 해체되고 계약에 따른 사회적 관계가 생겨나는 것을 정체 사회에서 진보 사회로의 이행으로 보았다. 개인의 위치가 가족관계에 따른 신분에 의해 정해지는 사회가 정체 사회다. 그리고 신분적인 예속을 받던 개인이 가족을 대신하여 법적 주체가 된 사회가 진보 사회다. 진보 사회의 특징은 개인 간의 자유로운 계약이다. 그래서 메인은 정체 사회에서 진보 사회로의 이행을 '신분에서 계약으로'라고 했다.

메인은 로마법이 보여주는 가부장권의 소멸 과정이 진보라고 생각했다. 근대 서유럽에서 노동자와 자본가의 계약관계가 나타나고 확대되었다. 그래서 메인은 진보 사회로 이행한 곳은 오로지 서유럽뿐이라고 했다. 그런데 노동자와 자본가의 계약은 노예 계약에 불과하다는 비판이 제기되던 당시에 메인의 학설은 영국 법률의 자기 정당화였다고 할 것이다.

메인은 사회를 정체사회와 진보사회로 구분하며, 유럽만 이 진보사회라고 주장했다. 왜냐하면 유럽에만 고대 로마법과 같이 오래된 법제가 존재한다고 보았기 때문이다. 반면 에드워드 사이드(Edward Said)는 유럽이 강자의 입장에서 동양에 대해 재단을 한다고 주장했다. 두 사람의 글을 읽고 '유럽 중심적 사고의 문제점'에 대해 생각해보자.

◆ ◆ ◆

정체 사회와 진보 사회의 차이점은 아직 풀어야 할 과제들 가운데 가장 큰 과제다. …… 인류의 정체적 상태가 본래의 모습이고 진보적 상태가 예외라는 사실을 명확하게 이해하지 못하면 이 문제에 대한 고찰을 성공적으로 이끌 수 없다. 그리고 그 고찰을 성공적으로 이끌어가기 위한 또 다른 필수 불가결한 조건은 로마법에 대한 정확한 이해다. 로마법제는 인간이 알고 있는 제도 중에서 가장 오래된 것이다. …… 그 시작되는 시점에서 종결되는 시기까지 그 수정을 담당했던 사람들은 더 나은 방향으로 진보적으로 수정했으며, 그 개선 과정이 인류의 사상과 행동이 현저하게 느렸던 경우에도 계속 진행되었고 그에 맞추어 반복적으로 정체되기도 했다.

– 메인, 《고대법》 중에서

◆ ◆ ◆

◆ ◆ ◆

동양과 유럽의 관계에 나타난 또 다른 특징은 유럽이 지배자의 지위라고는 말할 수 없어도 언제나 강자의 지위를 차지했다는 점이다. …… 이러한 관계는 여러 가지 용어로 표현되었다. 밸푸어(Arthur James Balfour)*와 크로머(Evelyn Baring Cromer)**가 그런 용어들을 사용한 전형적인 예다. 예컨대 동양인은 비합리적이고 저열하고 유치하고 '이상하다'. 그리고 유럽인은 합리적이고 도덕적이며 성숙하고 '정상적'이다. 동양은 이질적이긴 하지만 명확하게 조직된 그 자신의 세계에 살고 있다. 그 세계는 독자적인 민족적, 문화적, 인식론적 경계를 가지고 있고, 또 내적 정합성의 원리들을 갖추었다는 사실을 도처에서 강조함으로써 강자와 약자의 관계는 생명을 얻고 유지되었다. 그런데 동양 세계의 이해 가능성과 정체성은 스스로 노력한 결과가 아니라 유럽이 동양을 규정하기 위하여 사용한 복잡하고 교묘한 조작을 통해서 주어진 것이다. 동양에 대한 지식은 힘을 배경으로 발생한 것으로서 동양과 동양인 그리고 동양 세계를 '창조한다'고 할 수 있다. 밸푸어와 크로머의 용어에 따르면 동양인들은 (법정에서와 같이) 판단의 대상으로 묘사되고, (교과과정에서처럼) 연구와 서술의 대상으로 묘사되며, (학교나 감옥에서처럼) 훈육의 대상으로 묘사되고, 또 (동물도감에서처럼) 도해의 대상으로 묘사된다. 요컨대 동양인은 이런 모든 경우들에서 지배적인 틀에 의하여 '재단되고' '표상되는' 존재다.

– 사이드, 《오리엔탈리즘(Orientalism)》 중에서

* 영국의 정치가이자 철학자

** 이집트와 인도에서 활동한 영국의 식민지 행정관

15

도덕과 법을 분리하라

켈젠 《순수법학》

서울대 사상고전 100선에 선정된 핵심 포인트

칸트의 존재와 당위 이원론과 법의 강제성 이론을 바탕으로 실정법 그 자체의 구조를 냉정하게 이론과학적으로 인식하려는 실정법의 이론을 수립하려 했고, 그 결과 법규의 단계 구조상 종국적 가설로서의 근본규범을 설정했다. 민주주의와 직결된 가치 상대주의 및 법의 기술성(技術性)을 전제한 가치판단의 배제라는 점에서 나치스의 배경 하에서 실천적 의의를 지녔을 뿐만 아니라 법의 본질에 대한 영원한 문제 제기다.

– 최병조 서울대학교 법학과 교수

법만을 연구하자

이론으로서 순수법학은 법학의 대상을 인식하는 것만을 목적으로 한다. 순수법학은 법이 어떠해야 하는가, 법은 어떻게 만들어져야 하는가라는 질문에 대답하는 것이 아니다. 순수법학은 법이란 무엇인가, 법은 어떻게 만들어지는가라는 질문에 대한 답변을 시도한다.

켈젠(Hans Kelsen, 1881~1973)은 《순수법학(Reine Rechtslehre)》에서 순수법학의 목적에 대해 이렇게 썼다. 법은 우리의 생활에 직접적인 영향을 미친다. 흔히 '법 없이도 살 사람'이라는 말을 하지만 실상 우리는 알게 모르게 법을 의식하며 살아간다. 그런데 그 법이 항상 올바른 것은 아니라는 점이 문제가 된다. '악법도 법이다'라고 하지만 악법은 고쳐지기 마련이다. 법에 대한 우리의 관심은 그 법이 정의로운가에 맞추어진다. 그리고 그 법이 정의롭지 못하다면 어떤 방향으로 고쳐져야 하는가가 또 우리의 관심사가 된다. 이렇듯 우리는 법이 어떠해야 하는지, 법이 어떻게 고쳐져야 하는지에 관심을 가진다. 켈젠은 그런 우리의 관심을 도덕적인 것 혹은 정치적인 것이라고 한다. 켈젠은 법학이 도덕적이고 정치적인 것에 관심을 가져서는 안 된다고 말한다.

켈젠은 오스트리아의 프라하에서 태어났다. 켈젠이 태어날 당시 프라하는 오스트리아에 속해 있다가 제1차 세계대전 이후 체코로 귀속되었다. 켈젠은 빈 대학교를 나와 빈 대학교에서 학생들을 가르쳤다. 히틀러 정권이 들어서자 박해를 피해 미국으로 망명하여 대학 교수를 역임했다. 켈젠은 대표작인 《순수법학》을 1934년에 발표했다. 당시 켈젠은 스위스로 피신해 있었다. 켈젠은 1930년부터 독일 쾰른 대학교에서 학생들을 가르치고 있었는데, 1933년에 히틀러가 정권을 잡고 유대인을 억압하기 시작하자 스위스로 피신한 것이었다.

《순수법학》은 제목에서 드러나듯이 법학을 순수하게 다루자고 주장하는 책이다. 그러면 어떻게 해야 법학을 순수하게 다룰 수 있을까? 켈젠은 《순수법학》 서문에서 순수법학은 "일체의 정치 이데올로기와 자연과학적 요소와 분리된 법 이론"이라고 했다. 법을 탐구할 때는 윤리적, 정치적, 심리적, 사회적, 경제적 요인을 배제하고 실정법 자체를 순수하게 인식하자는 것이다. 그러기 위해 켈젠은 '법과학'이란 방법론을 제시했다.

법학은 도덕을 다루지 않는다

그러면 법과학이란 무엇인가? 켈젠은 과학적 인식을 경험적인 인식과 규범적인 인식으로 구분한다. 밥 짓는 과정을 예로 들어보자. 밥을 지으려면 냄비에 씻은 쌀을 넣은 후 물을 붓는다. 그리고 물에 열을 가하면 얼마 지나지 않아 물이 끓는다. 이 과정을 순서대로 나열해보자.

(1) 씻은 쌀을 냄비에 넣는다.

(2) 냄비에 물을 붓는다.

(3) 물에 열을 가한다.

(4) 물이 끓는다.

네 가지 과정에서 과학적 인식의 대상이 되는 것은 (3)과 (4)의 관계다. 즉 '물에 열을 가하니 물이 끓는다'. 이것을 인과관계라고 한다. 인과관계란 'A이면 B다'라는 관계다. 그리고 우리는 경험을 통해 인과관계를 알 수 있다. 경험을 통해 알 수 있기 때문에 경험적인 인식이라고 한다.

그러면 규범적인 인식이란 무엇인가? '죄를 지으면 벌을 받아야 한다'는 것은 규범적인 인식이다. 죄와 벌 사이에는 상관관계가 있다. 그런데 죄와 벌 사이의 관계는 인과관계가 아니라 귀속관계다. 귀속관계란 'A이면 B여야 한다'라는 관계다. 귀속관계는 경험이 아니라 규범을 통해서 알 수 있는 관계다. 물에 열을 가하면 끓는다는 것은 누구나 어디서나 경험할 수 있는 일이다. 하지만 죄를 지으면 벌을 받는다는 사실은 죄를 짓지 않는 대다수 사람이 경험이 아니라 규범을 통해 알게 되는 것이다.

켈젠은 법학, 즉 법과학이 규범적인 과학이라고 했다. 그러므로 법과학은 인과관계를 다루는 과학과 다르다. 켈젠은 《순수법학》에서 "법과학은 자연적인 사건들을 인과법칙으로 설명하는 것을 목표로 하는 모든 과학들과 구분된다"고 말했다.

그러면 법과학은 무엇을 다룰까? 법과학의 대상은 '법규범'이다. 당연한 이야기다. 경제현상을 다루는 것이 경제학이고 사회현상을 다루는 것이 사회학이며 우주를 다루는 것이 우주과학이듯이 법학은 법규범을 다룬다. 그런데 켈젠이 법과학의 대상을 법규범이라고 말한 데는 중요한 의미가 내포되어 있다. 즉 법규범 이외의 것은 법과학의 대상에서 제외해야 한다는 것이다. 그래야 법학은 순수한 이론이 된다.

순수법학이 스스로 법에 관해 '순수' 하다고 하는 이유는 순수법학이 오로지 법으로 지향된 인식만을 보장해주기 때문이다. 또한 정확히 법으로 규정된 대상에 속하지 않는 모든 것을 법학의 인식에서 배제하기 때문이다.

위법행위를 예로 들어보자. 위법행위에 대해 '사회적으로 바람직하지 못한 행동'이라고 정의 내리는 것은 법학이 할 일이 아니다. 그 정의는 법적 규범에 기초하지 않기 때문이다. 그 정의는 도덕적 정의 혹은 정치적 정의에 불과하다. 그러면 위법행위에 대한 법학적 정의는 무엇인가? 켈젠은 위법행위란 "법이 정한 제재의 조건이 되는 행위"라고 정의를 내린다. 그러므로 법적 의무는 "제재의 조건이 되는 인간 행위와 반대되는 행위를 하는 것"으로 정의된다. 켈젠의 의도는 법에 대한 탐구에서 윤리, 도덕, 정치 등 법 그 자체가 아닌 모든 것을 배제하는 것이다.

법적 명제로 재구성하라

그러면 법과학은 무엇을 하는가? 켈젠은 법과학이 법적 소재를 재구성하여 완전하고 통일된 법적 명제를 만드는 일을 한다고 했다. 먼저 켈젠은 법을 완전화하기 위해 법질서가 강제 질서임을 알아야 한다고 했다. 법이 강제 질서라는 것은 법적 명제가 강제 행위의 조건과 그 효과로서 부과되는 강제 행위를 기술할 수 있어야 한다는 의미다. 켈젠은 법질서가 강제 질서이므로 법에 의해 규정된 일정한 조건 아래에서 법에 의해 규정된 강제 행위가 실행되어야 한다고 말했다.

예컨대 누군가가 범죄를 저지르면 그 사람에게 형벌이 가해져야 한다는 명제나 누군가가 자신의 채무를 변제하지 않으면 그 채무자의 재산에 대해 강제집행이 가해져야 한다는 명제, 누군가가 전염병에 걸렸을 경우 그를 일정한 시설에 수용해야 한다는 명제 등은 법적 명제다. 일반적으로 말하면 "법질서에 의해 규정된 일정한 조건 아래에서 법질서에 의해 규정된 일정한 강제행위가 가해져야 한다"라고 표현할 수 있다. 이것이 법적 명제의 기본 형태다.

켈젠은 여러 가지 법적인 소재를 재구성하여 법적 명제의 기본 형태로 완성하는 것이 법학이 일차적으로 하는 일이라고 보았다. 예를 들어 도둑질에 관한 두 가지 규범이 있다고 하자.

(1) 도둑질을 해서는 안 된다.
(2) 도둑질을 하지 말라는 규범을 위반한 자는 감옥에 보내져야 한다. 이 두 규범이 법적 소재다.

이 법적 소재가 법적 명제로 바뀌려면 '도둑질한 자는 감옥에 보낸다'로 재구성해야 한다. 이렇듯 켈젠은 법적 소재를 법적 명제로 재구성할 수 있어야 법이 완전해진다고 보았다.

다음으로 켈젠은 법적 소재를 통일성 있게 재구성해야 한다고 했다. 이것은 서로 충돌하는 법적 소재를 어떻게 재구성할 것인가의 문제다. 포로수용소 소장이 어떤 포로에게는 '물을 한 컵 마시라'는 명령을 내리고 다른 포로에게는 '물을 두 컵 마시라'는 명령을 했다. 소장의 명령은 법적 소재다. 그런데 그 법적 소재 사이에 통일성이 없어서 포로들은 혼란에 빠질 수밖에 없다. 물을 한 컵 마셔야 하느냐, 두 컵 마셔야 하느냐.

이때 누군가가 소장의 명령들을 '14세 이상의 포로는 물을 두 컵 마시고, 14세 미만의 포로는 물을 한 컵 마시라'로 재구성했다. 그러면 포로수용소 소장의 명령들은 모순 없이 통일된다. 이렇듯 법적 소재를 재구성하여 모순 없이 통일된 법적 명제를 만드는 일이 바로 순수법학의 또 다른 임무다.

명령과 같은 법적 소재뿐만 아니라 법 자체에도 모순과 충돌이 발생할 수 있다. 두 가지 사례를 들어보자. 먼저, 같은 법 안에 다음과 같은 두 개의 조항이 있다고 하자.

(1) 도둑질한 자는 모두 처벌해야 한다.

(2) 14세 미만의 자는 처벌하지 않는다.

두 조항은 모순된다. 이 경우 혼란을 없애기 위해 '14세 이상의 자가 도둑질을 하면 처벌해야 한다'로 재구성해야 한다. 다음으로, 같은 법 안에 다음과 같은 조항이 있다고 하자.

(1) A를 한 자를 처벌해야 한다.

(2) A를 한 자를 처벌해서는 안 된다.

이런 경우에는 어떻게 할까? 켈젠은 선택을 해야 한다고 했다. 즉 "A를 한 자를 처벌하거나 처벌해서는 안 된다".

그런데 도둑질의 경우에는 누구나 납득할 수 있는 재구성이지만 A의 경우에는 이렇게도 저렇게도 해석할 수 있는 재구성이다. 그렇다면 법은 주관에 따라 해석하는 것이지 객관적으로 유효한 존재가 아니다. '귀에 걸면 귀걸이, 코에 걸면 코걸이'라는 말처럼 법에 대한 주관적 해석으로 논란이 많다. 특히 강자에 유리하게 법이 해석되어 사회적 분쟁을 낳는다. 켈젠은 법학의 순수성을 위해 주관을 배제하자고 했지만 주관적 해석을 배제하지는 못했다.

켈젠은 법을 탐구함에 있어 윤리적, 정치적, 심리적, 사회적, 경제적인 요인을 배제하고 실정법 자체를 순수하게 인식하자고 주장했다. 그래서 자신의 법학을 '순수법학'이라고 했다. 반면 프랑스의 철학자 미셸 푸코는 지식의 배후에는 정치적, 경제적 이해관계가 있다고 주장했다. 두 사람의 글을 읽으며 '학문 연구에서 주관성과 객관성'에 대해 생각해보자.

◆ ◆ ◆

이론으로서 순수법학은 …… 법학의 대상을 인식하는 것만을 목적으로 한다. 순수법학은 법이 어떠해야 하는가, 법은 어떻게 만들어져야 하는가라는 질문에 대답하는 것이 아니다. 순수법학은 법이란 무엇인가, 법은 어떻게 만들어지는가라는 질문에 대한 답변을 시도한다. …… 순수법학이 스스로 법에 관해 '순수'하다고 하는 이유는 순수법학이 오로지 법으로 지향된 인식만을 보장해주기 때문이다. 또한 정확히 법으로 규정된 대상에 속하지 않는 모든 것을 법학의 인식에서 배제하기 때문이다.

– 켈젠, 《순수법학》 중에서

◆ ◆ ◆

◆ ◆ ◆

이른바 '학문의 역사'라는 것과 '지식의 계보학'을 구분할 수 있다. 학문의 역사가 허구에 대한 진리의 승리 과정을 기술한다면 지식의 계보학은 담론(지식)과 권력의 상호관계를 중점적으로 기술한다. 지식의 계보학을 18세기에 적용해보면 지식의 계보학은 계몽주의 시대의 기본 관점을 해체하는 임무를 맡고 있다. 그것은 그 당시에 (19세기와 20세기에도 마찬가지로) 계몽주의적 진보로 여겨졌던 것, 즉 무지에 대한 지식의 투쟁, 환상에 대한 이성의 투쟁, 편견에 대한 경험의 투쟁, 오류에 대한 이성의 투쟁이라는 기본 관점을 해체해야만 했다. 지식의 계보학은 어둠을 헤쳐가는 대장정으로 묘사되고 상정되던 이 모든 것을 제거해야 했으며, 낮과 밤, 지식과 무지 등의 투쟁 대신에 매우 다른 어떤 것을 감지해야만 했다. 그 시기에는 수많은 거대한 투쟁이 있었는데, 그 투쟁은 지식과 무지 사이의 투쟁이 아니라 지식들 상호 간의 거대하고 무수한 투쟁이었다. 지식들은 각기 상이한 형태, 서로 적대적인 주창자들 그리고 지식들에 내재하는 권력 효과들 때문에 서로 투쟁을 벌였다. 지식들이 대립하는 배후에는 정치적, 경제적인 권력 투쟁과 이해관계의 대립이 자리를 잡고 있었다.

– 푸코, 《권력과 지식(Power–Knowledge)》 중에서

◆ ◆ ◆

4부

생각의 전환

사실 수많은 사상가와 학자들이 다양한 분야에서 우리의 지평을 넓혀주었다. 그래서 오늘날 학문의 폭과 깊이가 놀라울 정도로 넓어지고 깊어졌다. 그럼에도 여전히 세계 각국에서 학문의 새로운 지평을 열려는 시도들이 계속되고 있다. 그만큼 여전히 밝혀지지 않은 것들이 많은 것이다. 또한 새로운 것을 찾으려는 인간의 욕망이 끝도 없음을 보여주는 것이다.

4부에서는 사회과학의 지평을 넓힌 생각의 전환이라는 주제로 다섯 편의 글을 해설했다. 프로이트의 《꿈의 해석》, 캉유웨이의 《대동서》, 그람시의 《옥중수고》, 레비스트로스의 《슬픈 열대》, 푸코의 《지식의 고고학》이 그것이다.

프로이트는 그전에 아무도 관심을 두지 않았던 무의식의 세계를 탐험했다. 그 결과 무의식이 꿈을 통해 드러남을 밝혔다. 그래서 모든 꿈에는 뜻이 있다고 했다. 캉유웨이는 공자(孔子)가 그린 이상 사회를 현실에서 실현하자고 했다. 그전에도 이상 사회에 대한 열망과 묘사는 많았지만 캉유웨이는 세세한 설계도를 제시했다. 그람시는 당대 마르크스주의자들의 사고를 뒤집고 '시민사회'라는 개념을 정립했다. 그람시는 시민사회의 헤게모니 투쟁을 제시하여 기존의 혁명관에 문제를 제기했다. 레비스트로스는 유럽 문명에 의해 원주민 사회가 파괴되는 것에 분노했다. 자기 문명의 시각으로 다른 문명을 재단하려는 것에 반대하여 자기 문명이 해결하지 못한 문제를 다른 문명은 이미 해결했을 수도 있다고 강조했다. 푸코는 새로운 역사관을 주장했다. 역사가 연속된 것이라는 일반적 생각을 거부하고 역사는 연속되지 않는다고 했다. 특히 현재와 과거는 단절되었음을 강조했다.

새로운 생각은 어느 날 갑자기 하늘에서 뚝 떨어지는 것이 아니다. 끊임없는 관찰과 학습을 통해 이루어지는 것이다. 푸코는 역사에서 '단절'을 말했지만 새로운 생각은 '통합'적 사고에서 나온다고 할 수 있다.

16

꿈속에서 인간 정신을 발견하다

프로이트 《꿈의 해석》

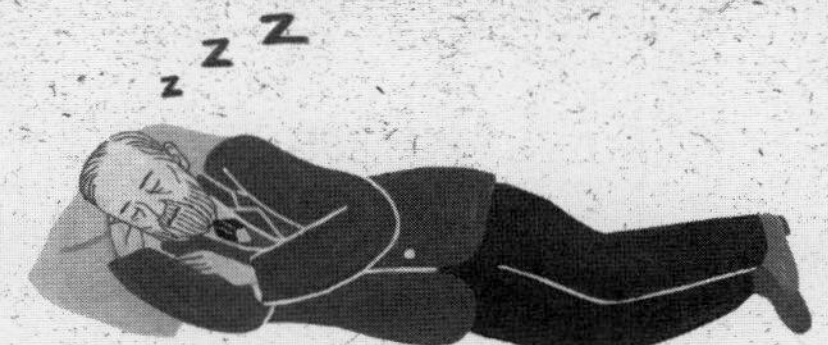

서울대 사상고전 100선에 선정된 핵심 포인트

정신분석 이론의 수립, 정신분석적 치료 기법의 개발, 포괄적인 성격 이론의 전개 등으로 프로이트는 우리에게 낯설지 않다. 서구의 인간관에 지대한 영향을 끼친 위의 공헌들은 그 기반을 무의식의 탐구에 두고 있다. 프로이트는 꿈의 해석을 무의식의 이해에 이르게 하는 왕도라고 했다. 따라서 프로이트의 이론을 이해하고 정신생활에서 무의식의 역할에 관한 그의 견해를 이해하는 데에는 그의 《꿈의 해석》이 필수적인 것이 된다.

— 조대경 서울대학교 명예교수

무의식에 관심을 두다

그리스 신화에서 에로스(Eros)는 사랑의 신이고 타나토스(Thanatos)는 죽음을 의인화한 신이다. 그러나 프로이트(Sigmund Freud, 1856~1939)에게 에로스와 타나토스는 신화 속의 신을 의미하지 않는다. 에로스와 타나토스는 우리 정신 활동의 두 축을 이루는 에너지다. 에로스는 생의 본능이다. 생명을 유지하고 사랑을 하고 아이를 낳게 하는 본능이 그것이다. 타나토스는 죽음의 본능이다. 생물이 무생물로 환원하려는 것처럼 타나토스는 자신은 물론 타인과 환경을 파괴하고 처벌하고 공격하려 한다.

에로스는 리비도(libido)로부터 에너지를 얻는다. 리비도가 자신을 사랑하면 자기애, 즉 나르시시즘이 되고 바깥을 사랑하게 되면 대상애가 된다. 리비도의 심연에는 이드(id)가 자리하고 있다. 이드는 리비도의 원천이자 자아인 에고(ego)와 초자아인 슈퍼에고(super-ego)의 바탕이 된다. 이드는 쾌락을 추구하려 한다. 그러나 우리는 현실 속에서 이기적인 쾌락을 추구할 수 없다. 이드의 쾌락 추구를 현실에서 적절히 타협 보게 하는 것이 에고, 즉 자아다. 여기에 초자아인 슈퍼에고가 결합된다. 사회에는 개인이 지켜야 할 도덕과 양심, 금기가 있다. 그것을 지키게 하는 것이 초자아다. 초자아는 이드에 의해 극단적인 쾌락을 추구

자기를 너무 사랑한
청년, 나르키소스

하려는 자아를 통제한다.

프로이트는 우리의 의식과 무의식의 세계를 넘나든다. 프로이트 이전에 인간의 무의식은 관심의 대상이 아니었다. 그리스와 로마 시대 사람들은 꿈을 초자연적인 현상으로 이해했다. 그들에게 꿈은 신의 계시였고 미래에 대한 암시였다. 꿈은 수많은 속설을 낳았고 꿈의 해석은 미래와 결부되어 있었다. 그러나 프로이트는 꿈을 완전한 심적 현상이며 소망에 대한 충족이라고 이야기한다.

프로이트는 오스트리아의 모라비아에서 태어났다. 고등학교를 졸업할 무렵에는 장래에 정치가가 되려고 생각했지만 당시 유대인이 빈에서 종사할 만한 직업으로는 실업가나 변호사, 아니면 의사가 무난했기 때문에 의학을 공부했다. 서른한 살 때인 1886년부터 신경병 전문의로 개업하여 히스테리 환자를 치료하면서 '꿈의 해석'에 연구를 집중했다. 그 결과 1900년에 《꿈의 해석(Die Traumdeutung)》을 발표했다.

억압당한 무의식의 세계

《꿈의 해석》에 포함된 내용의 대부분은 1896년에 연구가 완료되었다. 그러나 이 책이 간행된 것은 1899년 11월 4일이었고 출판 연도는 발행자에 의해 1900년으로 되었다. 그런데 이 책이 세상에 처음 나왔을 때는 참담한 패배를 맛보아야 했다. 《꿈의 해석》은 초판 600부를 다 파는 데 무려 8년이 걸렸다. 그러나 오늘날 이 책은 전 세계에서 가장 영향력 있는 인간 사상의 위대한 고전으로 인정받고 있다. 초판이 발행되고 22년 후에 발간된 영문판 서문에서 프로이트는 다음과 같이 말했다.

이 책은 세상에 나왔을 때 심리학에 새로운 공헌을 하여 세상을 놀라게 했다. 지금 보아도 이 책에는 내가 해낼 수 있었던 모든 발견 중에서 가장 중요한 것이 포함되어 있다. 이 책에서 서술한 바와 같은 식견은 평생에 오직 한 번밖에 찾아오지 않는 법이다.

프로이트가 한 번밖에 찾아오지 않는 식견을 담았다는 《꿈의 해석》에는 꿈에 관한 이론이 남김없이 논술되어 있다. 이 책에서 프로이트는 꿈에는 뜻이 있음을 보여주고자 했다. 특히 프로이트는 꿈의 일부분이 과거의 사건과 결부되어 있을 것이라고 가정한다. 그래서 프로이트는 "현실 생활에서는 까맣게 잊어버리고 있던 어린 시절의 자질구레한 일까지 끄집어낸다"고 말한다. 물론 꿈은 과거 사건의 단순한 재연이 아니다. 꿈을 통해서 잠재해 있거나 억압당한 무의식의 세계가 드러난다.

프로이트는 한 여자의 꿈을 예로 들었다. 그 여자가 꿈꾼 내용은 지극히 단순하다. 그 여자는 꿈에서 친구와 함께 5번가에서 검은 모자를 샀다. 이 꿈을 해석하기 위해 프로이트는 그 여자의 몇 가지 경험을 분석했다. 그 여자는 꿈꾸기 전날 친구와 함께 5번가를 걸었다. 그 여자의 남편은 아파서 집에 누워 있다. 그 여자는 남편이 죽을지도 모른다는 걱정을 하고 있다. 그 여자는 결혼 전에 알고 지내던 남자가 있다. 그 여자는 모자라면 사족을 못 쓰지만 많은 모자를 살 만한 경제적 여유가 없다.

프로이트는 그 여자의 꿈에 담긴 잠재의식을 다음과 같이 해석했다.

그 여자는 결혼 전에 알고 지내던 남자와 결혼할 수 있는 자유로운 몸이라면 좋겠다고 생각한다. 그 남자와 결혼했다면 돈을 마음대로 쓸 수 있었을 것이라고 생각한다. 그래서 꿈속에서 그 돈을 쓰기 위해 새로운 모자를 샀다. 즉 그 여자가 꿈에서 돈을 쓴 것은 다른 사람과 결혼함으로써 자신의 경제적 지위가 달라진다는 사실을 드러낸 것이다. 그런데 이런 생각은 남편에 의해 방해를 받고 있다. 그래서 꿈속에서 남편과의 관계가 남편의 죽음으로 끝나는 것으로 나온다. 그 여자가 꿈에서 산 모자는 상복을 의미하는 검은색이다. 결국 그 여자의 꿈에는 남편의 죽음, 옛 애인과의 결혼 그리고 많은 돈을 갖고 싶다는 욕구 등이 복합되어 있었던 것이다. 그 여자의 꿈은 억압되고 금지된 욕구가 변장하고 왜곡되어 표현된 것이다. 그런 변장과 왜곡은 수면 상태에서도 무의식이 의식으로 진출할 때는 검열을 받는다는 사실을 알려준다.

꿈은 어떻게 해석되는가

꿈은 한 편의 짧은 영화와 같다. 다만 영화는 스토리를 전달하는 반면 꿈은 스토리를 전달하지 않는다는 점이 다를 뿐이다. 아침에 일어나 지난밤 꿈을 생각해보자. 꿈속에서는 생생했던 것 같은데 막상 그 내용을 떠올려보면 대단히 막연해질 것이다. 꿈은 그 자체가 의미를 갖거나 시종일관되거나 잠재의식을 조금이라도 필연적으로 설명하는 것이 아니다. 꿈의 내용은 수수께끼와 같다. 꿈은 외견상 황당무계하거나 비논리적이다. 그래서 꿈은 해석을 해야 비로소 본래 표현하고자 했던 내용이 분명해진다. 그런데 꿈을 해석할 때는 주의할 점이 있다. 꿈은 논리 정연한 스토리를 갖고 있지 않기 때문에 꿈의 내용을 논리 정연하게 전달하려면 가공이 불가피하다. 이런 가공 때문에 잠재의식의 내용을 왜곡시켜 꿈을 해석할 때 과오를 범하게 된다.

그러면 사람들은 왜 꿈을 꾸는가? 프로이트는 사람들이 소망을 충족하기 위해 꿈을 꾼다고 말한다.

꿈이 인간에게 미래를 예시해준다고 믿어온 것에 일면의 진리가 없는 것은 아니다. 꿈은 인간의 소망이 충족된 것으로 나타내줌으로써 어떤 의미에서 인간을 미래 속으로 인도하기도 한다. 그러나 꿈을 꾸는 사람이 현재로 알고 있는 이 미래는, 부서지지 않는 소망에 의해서 사실은 과거와 닮은 모습으로 만들어져 있는 것이다.

꿈은 무의미하거나 부조리한 것이 아니다. 우리 머리에 잠들어 있는 여러 표상들이 깨어나 결합된 것이다. 그래서 꿈은 심리적 현상이며 소망의 충족이다.

프로이트의 '꿈의 해석'에 대해서는 인간의 정신을 지나치게 단순화하여 성적인 충동으로 설명하려 한다는 비판이 있다. 프로이트는 인간 성격의 기본 구조가 생후 5, 6년 사이에 거의 형성된다고 주장한다. 이때 유아들은 성적 부위와 관련된 '심리성욕단계', 즉 성적인 충동의 단계를 경험한다고 했다. 그래서 프로이트의 이론은 성적인 충동으로 인간 심리를 설명하려 한다는 비판을 받았던 것이다. 이런 비판에 대해 프로이트는 다음과 같이 말했다.

내 꿈의 해석에 대해 끊임없이 반론이 제기되고 있는데, 내가 모든 꿈을 성적으로 해석해야 한다고 주장했다는 것이다. 그런 반론을 하는 사람들은 내 꿈의 해석을 제대로 이해하지 못한 것이다. 일곱 차례나 발행된 이 책 어디를 찾아봐도 그와 같은 주장은 없다. 또한 그런 주장은 이 책의 내용과 명백히 모순되는 것이다. 나는 이미 다른 곳에서 지극히 실없는 꿈이 참으로 노골적인 에로틱한 욕구를 감추고 있다는 점을 주장한 바 있다. 그리고 나는 다수의 새로운 사례를 들어 그 사실을 증명했다. 매우 평범하고 별다른 의미가 없는 것처럼 보이는 꿈을 분석해보면 그 꿈은 매우 엉뚱한 성질을 가진 성적인 욕구 충동으로 귀착되는 법이다.

프로이트는 심리학을 근대적인 학문으로 정립시켰다. 프로이트는 심리학의 대상을 인간의 내면적인 정신세계, 특히 무의식의 세계로 확장했다. 프로이트 이전만 해도 무의식의 세계는 관찰이나 실험을 할 수 없는 것이기에 과학의 대상이 될 수 없다는 생각이 지배적이었다. 프로이트가 출현하면서 심리학의 주요 주제는 인간의 심리나 행동에 영향을 주는 외부적인 요인이 아니라 인간의 정신 자체가 되었다. 그래서 프로이트는 자신의 학설을 정신분석이라고 요약한다.

프로이트 학설은 심리학뿐만 아니라 인문학과 사회과학 전 분야에 영향을 미쳤다. 정신분석학은 문화와 사회의 분야로 확대되고, 사회심리학이나 경영조직론, 정치학에 이르는 사회과학의 혁신을 가져왔다. 또한 정신분석 철학이 가져온 충격은 프랑스의 철학자 사르트르의 실존적 정신분석에서 보는 것과 같은 존재론적 인간 이해, 바슐라르의 물질적 정신분석에서 보는 세계 해석, 푸코나 라캉의 구조주의 등으로 나타났다. 프로이트 학설은 20세기 사상의 근본적인 전환을 추진했고 암암리에 모든 분야에 영향을 미치고 있다.

프로이트는 사회에서 개인이 지켜야 할 도덕과 양심을 따르게 하는 것이 초자아라고 했다. 초자아는 인간의 욕망을 통제하는 것이다. 성리학을 정립한 주희(朱熹) 역시 인간 욕망의 통제를 매우 중요하게 보았다. 주희는 욕망 통제의 방법을 경(敬)이라 했다. 다음의 두 글을 읽고 '도덕규범의 기초'에 관한 동서양의 공통된 사고를 알아보자.

◆ ◆ ◆

초자아는 엄격한 이상적 기준을 요구하고 그것에 복종하지 않으면 양심의 가책을 느끼게 한다. 본능의 욕구가 초자아를 압도하게 되면 초자아는 무의식의 뒷전으로 물러나서 도덕적 비난의 목소리만을 내게 된다. 그런데 초자아의 요구를 의식의 전면으로 끌어내보면 그것은 현재의 문명적 초자아의 명령과 일치한다는 것을 알 수 있다. 초자아가 강화된 사람은 문명의 대립자에서 문명의 전달자로 변하게 된다. 그러므로 초자아의 강화는 심리학적으로 볼 때 귀중한 문화유산이라고 할 수 있다.

– 프로이트, 《문명 속의 불만(Gesammelte Werke)》 중에서

◆ ◆ ◆

◆ ◆ ◆

주희는 '경'을 으뜸으로 삼았다. 요임금이 천하를 다스린 것이나 공자의 극기복례(克己復禮)나 모두 경이라는 글자 하나로 귀결된다고 했다. 경에는 내적 측면과 외적 측면이 있다. 조금도 게으름 없이 마음이 잘못되지 않았는지 살피는 것이 경의 내적 측면이고 하나하나의 행동을 조심성 있게 하는 것이 경의 외적 측면이다. 이런 내외적 측면의 노력이 어우러져야 하는 것은 두말할 나위도 없다. 이는 천지의 원리에 자신을 합치시키고자 하는 부단한 노력으로서 인간의 욕망을 억제하고 천지의 선한 이치에 도달하고자 하는 것이다. 경은 움직임이 있을 때나 없을 때나 항상 일관된 태도를 견지하는 것이다. 주희의 입장에서 보면 천리(天理)의 사회적 표현인 도덕규범과 예(禮)는 누구에게나 적용되어야 하는 객관적 실체다. 도덕규범과 예가 객관적 실체이기에 모든 사람에게 공통적으로 적용되어야 하듯이 경 또한 천리에 이르고자 하는 사람들에게 공통적인 수행 과정이 되어야 하는 것이다.

– 펑유란, 《중국철학사》 중에서

◆ ◆ ◆

17

유토피아를 설계하다

캉유웨이 《대동서》

서울대 사상고전 100선에 선정된 핵심 포인트

무술개혁운동(무술변법)으로 정치적, 사회적 개혁을 추진하고자 했던 캉유웨이가 공자의 《춘추(春秋)》와 육경(六經)에 나타난 공자의 근본정신을 되살려 새로운 이상 사회를 건설하고자 했다. 《대동서》는 그런 이상 사회에 관한 글이다. 제국주의의 침략과 내부적 경직성으로 붕괴 위기에 처한 중국의 현실을 타개할 방향으로 대동세계를 제시했던 것이다. 청말 개혁파의 거두였던 캉유웨이가 망국의 위기를 모면하기 위해 어떤 방안을 모색했던가를 엿볼 수 있는 글이다.

– 박한제 서울대학교 명예교수

변법을 꿈꾸다

대도가 행해진 세상에는 천하가 모두 만인의 것이다. 사람들은 현명한 이와 능력 있는 이를 선출하여 관직을 맡게 하고 온갖 수단을 다하여 서로 간의 신뢰와 친목을 두텁게 한다. 그러므로 사람들은 각자의 부모만을 부모로 섬기지 않고, 자기 자식만을 자식으로 여기지 아니한다. 노인에게는 생애를 편안히 마치게 하고, 장정에게는 충분한 일을 주며, 어린아이는 마음껏 성장할 수 있게 한다. 고아와 과부, 불구자 등에게는 고생 없는 생활을 하게 하고, 성년 남자에게는 직분을 주며, 여자에게는 적합한 남편을 갖게 한다. 재화가 헛되이 낭비되지 않게 하고, 재화를 사사로이 독점하지 않게 한다. 사람의 몸에서 힘이 나오지만 자기 자신의 이익을 위해서만 이 힘을 쓰지 않는다. 모두가 이런 마음가짐이기 때문에 모략이 있을 수 없고, 절도나 폭력도 없으며, 아무도 문을 잠그는 일이 없다. 이런 세계를 '대동'이라 말한다.

《예기》의 〈예운(禮運)〉 편에 소개된 공자가 그리는 이상 사회인 '대동사회'의 모습이다. 세상이 어지러워지면 사람들은 이상 사회를 꿈꾼다. 1840년에 있었던 중국과 영국 사이의 아편전쟁을 계기로 중국은 몰락하기 시작했다. 중국은 서유럽의 제국주의 세력 앞에 무릎을 꿇었다. 제국주의의 침략으로 백성의 삶은 더욱 어려워졌다. 이런 시기에 캉유웨이(康有爲, 1858~1927)는 공자가 그린 이상 사회를 실현하자고 나섰다.

캉유웨이는 중국 광둥 성 남하이 현에서 태어났다. 성리학을 대대로 전수해온 집안의 전통에 따라 어려서부터 중국의 고전과 작문을 배웠다. 열여덟 살 때 캉유웨이는 할아버지의 친구인 주구강(朱九江)의 문하생이 되어 3년 동안 역사학, 철학 등 중국의 고전에 대해 광범위한 학습을 했다. 훗날 캉유웨이의 수제자인 량치차오(梁啓超)는 캉유웨이가 이 3년 동안 중국 사상에 대한 학문적 기초를 완전히 닦을 수 있었다고 말했다. 또한 캉유웨이는 성리학 이외에도 불교와 양명학 등 다양한 사상의 책을 읽고 사상의 폭을 넓혔다.

어느 날 캉유웨이는 영국 지배 하에 있던 홍콩에 놀러 가게 되었다. 홍콩에서 캉유웨이는 거리의 장관과 질서 정연함에 큰 감명을 받아 이 때부터 유럽 문물에 대해 새로운 인식을 하게 되었다. 또한 스물다섯 살 때 과거를 보고 돌아오는 길에 상하이를 둘러보게 되었다. 이때에도 유럽 문물에 크게 감동을 받아 유럽에 대한 책을 구입하여 깊이 연구하기 시작했다. 유럽에 대한 서적을 연구하면서 캉유웨이는 커다란 사상적 변화를 겪게 되었다. 당시 중국에서는 양무운동(洋務運動)이 일어나고 있었다. 양무운동이란 유럽의 기술문명만 도입하자는 주장이었다. 캉유웨이는 양무운동의 한계를 인식하고 더 과감하게 유럽 문물을 수입

해야 한다고 생각하게 되었다. 더 나아가 중국의 전통적인 정치제도와 사회제도를 변혁해야 한다고 생각했다. 캉유웨이의 변혁 사상을 한자로는 '변법(變法)'이라고 한다. 법 자체를, 즉 제도 자체를 바꾸어야 한다는 말이다. 캉유웨이가 모델로 삼은 것은 일본의 메이지유신과 러시아 표트르 대제의 근대화 정책이었다.

캉유웨이는 1888년 이래 여덟 차례에 걸쳐 부국, 양민, 교민, 외교, 관제 개혁 등 광범위한 분야에 걸친 부국강병책을 젊은 황제 광서제에게 올렸다. 그리고 제자 량치차오와 함께 〈만국공보(萬國公報)〉, 〈중외기문(中外紀聞)〉, 〈시무보(時務報)〉 등의 신문을 발행하고, 강학회(强學會), 보국회(保國會) 등 정치단체를 조직하여 변법운동을 위한 계몽과 선전, 정치 활동을 맹렬히 전개했다. 캉유웨이는 1898년 6월에 광서제와의 면담을 계기로 광서제의 신임을 얻어 개혁을 추진했다. 이것이 무술변법(戊戌變法)이다. 그러나 무술변법은 곧 벽에 부딪혔다. 기득권 세력이 강력히 반발하면서 서태후가 정변을 일으켜 광서제를 유폐시키고 무술변법을 추진한 세력들을 처형했다. 다행히 캉유웨이는 일본 영사의 도움을 받아 일본으로 망명할 수 있었다. 일본으로 망명한 이후에도 캉유웨이는 자신의 소신을 굽히지 않고 '입헌군주제'를 중심으로 한 개혁운동을 계속했다.

《대동서(大同書)》는 1919년에 출판되었지만 서문에 의하면 캉유웨이는 서른일곱 살이던 1884년에 초고를 완성했다고 한다. 《대동서》는 공자가 그린 이상 사회인 대동사회를 현실에서 실현하기 위한 청사진을 그린 책이다.

사회는 필연적으로 발전한다

《대동서》의 각 부의 제목을 보면 이 책이 어떤 내용을 담고 있는지 알 수 있다. 1부 '인간이 세상에서 느끼는 모든 괴로움', 2부 '국경 없이 세계를 하나로', 3부 '계급 차별 없는 평등한 민족으로', 5부 '남녀 차별 없는 평등의 보장', 6부 '가족관계가 없는 천민으로', 9부 '인간과 짐승의 구별을 없애 모든 생명체를 사랑한다', 10부 '괴로움이 없는 극락의 세계로' 등 각 부의 제목에서 알 수 있듯이 캉유웨이는 이상 세계를 그리고자 했다.

《대동서》의 사상은 하휴(何休)의 '장삼세설(張三世說)'과 《예기》 〈예운〉 편의 '대동사상'을 바탕으로 했다. 하휴는 한나라의 학자로 공자가 지었다는 역사서인 《춘추》를 해설하면서 '장삼세설'을 주장했다. 삼세란 난세, 승평의 세계, 태평의 세계를 말하는데, 그 내용을 정리하면 다음과 같다.

공자의 이상은 '태평스러운 세상'을 실현하는 것이다. 그것은 천하가 한 가족과 같아서 대립이 없는 평화롭고 안락한 세상이다. …… 중국 사회는 먼저 '난세'에서 시작되고, 이어서 조금 평화로운 '승평'의 세계가 되며, 다시 더 나아가 '태평'의 시대에 이르게 된다. …… 공자는《춘추》의 기사문을 빌려 제1기를 난세의 시대, 제2기를 승평의 시대, 제3기를 태평의 시대라고 했다. 그리고 각 시대에 대응하여 기사문의 필법을 달리했다. …… 제1기에는 난세적인 기사를 많이 게재하여 대립이 격렬하고 다툼과 싸움이 끊이지 않았음을 나타냈다. 제2기에는 평화적인 기사를 많이 게재하여 다툼과 싸움이 감소했음을 나타냈다. 제3기는 태평의 단계에 이른 시기로 대립이나 갈등이 거의 사라진 상태를 나타내는 필법이 사용되고 있다.

—하휴,《춘추공양해고(春秋公羊解詁)》

하휴의 장삼세설은 독특한 역사 이론이다. 하휴는 인간의 역사가 난세의 시대에서 승평의 시대로 그리고 마침내는 태평의 시대로 발전한다고 했다.《춘추》에서 공자가 주장한 바는 없지만 하휴는 자기 나름대로 해석하여 하나의 역사 이론을 제시했다. 하휴가 말하려던 것은 사회가 필연적으로 발전하여 이상 사회에 이른다는 것이다.

캉유웨이는 하휴의 필연적 발전설을 받아들였다. 캉유웨이는 다음과 같이 썼다.

세계는 현재 난세의 단계로 국제적, 국내적으로 대립과 투쟁이 끊이지 않고 있다. 그 주된 원인은 사람들이 가족이나 친척 그리고 민족과 같은 의식에 사로잡혀 개인적인 혹은 단체적인 이기심에서 벗어날 수 없기 때문이다. …… 그러나 사회 진화의 방향은 필연적으로 정해져 있다. 먼저 국내적, 국제적으로도 나뉘어 서로 싸우는 사태가 빈번했던 난세의 시대가 있고, 이어 협조적인 연합 국가의 시대, 즉 '승평의 시대'로 나아가고, 마침내는 《예기》에서 말하는 '대동의 시대'에 이르게 된다.

캉유웨이는 '대동의 시대'라고 했는데, 이것은 하휴가 말한 '태평의 세계'와 같다.

대동사회를 이루려면

캉유웨이는 하휴의 장삼세설에 《예기》에서 말한 대동사회를 결합하여 자기만의 대동설을 주장했다. 대동설은 이상 사회의 청사진이다. 즉 대동사회를 현실화하기 위한 계획이었다. 대동설의 주요 내용은 다음과 같다.

우리가 대동 시대의 출현을 촉진시키고 또 대동 평화의 사회를 유지하기 위해서는 많은 규제를 필요로 한다. 대동 시대를 방해하는 것은 인간의 이기심이고, 이기심은 가족제도로 인해 나타난다. 따라서 가족제도를 없애고, 또 개별 국가도 없애야 한다. 이를 좀 더 구체적으로 살펴보면 다음과 같다. …… 국가는 없어지고, 전 세계는 하나의 총 정부를 세우며, 약간의 지역 구분만을 한다. 총 정부와 지역정부는 모두 민선에 의하여 구성한다. …… 가족은 없어지고, 남녀의 동거는 1년을 넘어서는 안 되며, 기간이 차면 배우자를 바꿔야 한다. 부녀가 임신하면 태교원에 들어가고, 아기가 태어나면 영아원에서 키운다. …… 어린이는 자라는 데 따라 유치원과 각급 학교에 입학한다. 성년이 되면 정부는 농업, 공업 등의 생산 분야에 각기 파견하여 종사하게 한다. …… 병이 들면 병원에, 늙으면 양로원에 들어간다. 태교 시설, 육아 시설, 유치원, 병원, 양로원 등은 모두 최고의 시설을 갖추고, 각 시설의 이용자는 최고의 복지 혜택을 누리게 한다. 성년의 남녀는 반드시 이들 제 기관에서 수년간 의무 복무를 해야 한다. …… 공공의 기숙사와 대중 식당을 설치하되 등급을 두어 각기 수입에 따라 자유로이 즐기도록 한다. …… 게으름을 경계하고 게으른 자는 엄벌에 처한다. …… 학술상 새로운 발명자와 태교원 등 다섯 개 기관의 특별 유공자는 포상한다.

이상이 대동사회를 이루기 위해 반드시 수행해야 하는 구체적인 임무다. 여러분의 생각은 어떤가? 캉유웨이의 이상 사회가 이루어지겠는가?

캉유웨이는 전 인류가 하나 되는 대동사회를 꿈꾸었다. 그래서 가족과 국가의 구별을 넘어 온 세계 사람을 동등하게 사랑하는 데로 나아가자고 했다. 반면 독일의 철학자 막스 셸러(Max Scheler)는 사랑의 대상이 속한 집합의 범위가 커질수록 사랑의 대상에 대한 관심의 거리도 벌어진다고 했다. 두 사람의 글을 읽고 '진정한 인류애'가 가능한지 생각해보자.

◆ ◆ ◆

온 세상 모든 인류는 나의 동포다. 겉모습은 서로 다르고 멀리 떨어져 있어 만날 수 없다 하더라도 나는 책을 통해 저들의 사상을 접할 수 있고 세계 곳곳에서 만든 물건들을 사용하고 여러 나라의 예술을 향유하기도 한다. 그러므로 다른 나라가 진보하면 우리도 진보하고 퇴보하면 우리도 퇴보하며, 그들이 즐거우면 나도 즐겁고 그들이 처참해지면 나도 처참한 심정이 된다. 이 지구상에 사는 모든 사람이 사랑으로 끌어당기니 내 어찌 무관심할 수 있겠는가? …… 모든 차별을 없애는 대동의 도야말로 모든 사람을 괴로움에서 구제해줄 수 있는 유일한 길이다. 대동의 도를 이루자면 차별을 낳는 가족이나 국가 역시 없애고 세계를 하나로 만들어야 한다. 가족이 있으면 자기 가족의 생계를 위해 탐욕을 부리게 되며, 불우한 집에서 태어난 아이는 아무도 돌보지 않아 질병과 추위, 굶주림과 무식함을 벗어날 수 없다. 국가가 있으면 자기 나라의 이익을 위해 남의 나라를 착취하며 결국 전쟁을 일으켜 많은 사람을 참혹한 지경에 몰아넣기도 한다. 그러므로 가족과 국가의 구별을 넘어 온 세계 사람을 동등하게 사랑하는 데로 나아가야 한다. – 캉유웨이, 《대동서》 중에서

◆ ◆ ◆

어떤 사람들은 사랑이 좁은 범위에서 넓은 범위로 확산되면 사랑의 가치도 증대된다고 생각한다. 그들에게는 자기애보다 동료애가, 동료애보다 조국애가, 그리고 조국애보다는 인류애가 더욱 가치 있다. 왜냐하면 사랑의 대상이 속한 집합의 외연이 확장되면서 사랑도 보편화 된다고 보기 때문이다. …… 그러나 그들은 사랑과 사랑의 가치에 관한 매우 중요한 사실 하나를 놓치고 있다. 그것은 사랑의 대상이 속한 집합의 범위가 커질수록 사랑의 대상에 대한 관심의 거리도 벌어지고, 그에 비례하여 집합 안에서 우리가 인지할 수 있는 가치들도 주변화된다는 사실이다. …… 물론 인류 공동체는 어떤 민족이나 국가보다 더 사랑받을 가치가 있다. 그러나 '지금-여기'에 속박된 인간이 정말 그런 보편적인 사랑을 실천할 수 있을까? 모든 개인은 인류 공동체의 구성원이지만 동시에 더 작고 더 친밀한 공동체의 구성원이기도 하며, 공동체 각각의 가치를 구현하며 살고 있다. 그런 개인에게 가까운 공동체를 사랑하는 것처럼, 아니 그보다 더 강하게 저 먼 인류를 사랑하라고 요구할 수는 없는 노릇이다. 따라서 인류애보다 조국애가 더 클 수밖에 없다. 조국은 인류보다 구체적인 가치의 내용을 개인에게 제공하기 때문이다. 민족보다 인류를 사랑하는 일은 오직 신만이 할 수 있다. – 막스 셸러, 《공감의 본질과 형식(Wesen und Formen der Sympathie)》 중에서

◆ ◆ ◆

18

헤게모니를 잡아라

그람시 《옥중수고》

서울대 사상고전 100선에 선정된 핵심 포인트

그람시가 옥중에서 1929년부터 1935년 사이에 쓴 글들을 모은 이 책은 마르크스주의적 사회 분석 수준을 한 단계 끌어올린 가장 창의적인 마르크스주의적 저작의 하나다. 이 책에서 그람시는 상부구조의 '상대적 자율성', 토대와 상부구조의 통일체로서의 '역사적 블록' 등을 강조하며, 역사를 만드는 인간 행위의 적극적, 구성적 역할에 주목하면서 노동자계급의 헤게모니적 계급으로의 상승 문제를 본격적으로 다루고 있다.

– 김세균 서울대학교 정치학과 교수

멈추지 않은 두뇌

"우리는 이자의 두뇌 작동을 20년 동안 중지시켜야 한다."

1928년 검사는 그람시(Antonio Gramsci, 1891~1937)에게 중형을 요구하며 이렇게 말했다. 그러나 그람시는 20년을 채우기 훨씬 전에 감옥이 아니라 병원에서 감시를 받으며 사망했다. 그리고 검사는 그람시의 두뇌 작동을 중지시키려 했지만 육체가 살아 있는 동안 그람시의 두뇌는 작동을 멈추지 않았다. 그람시는 감옥에서 서서히 기력이 다했지만 총 2848쪽에 달하는 방대한 필사본을 남겼다. 이 필사본은 그람시가 마지막으로 수감되었던 병원에서 빠져나와 이탈리아 국경을 넘어 오늘날 우리에게 《옥중수고(Quaderni del carcere)》라는 제목으로 전해지고 있다.

그람시는 이탈리아 사르디니아에서 태어났다. 어린 시절 아버지가 공금횡령죄로 구속되는 바람에 생활이 어려웠을 뿐만 아니라 건강도 좋지 않았다. 척추가 잘못되어 의사가 천장에 장시간 거꾸로 매달아놓고 치료하는 등 노력했지만 그람시는 곱사등이 되고 말았다. 또한 어릴 적부터 정신 질환을 앓았다. 그람시는 여덟 살 때 초등학교에 들어갔지만 미처 졸업도 못 하고 2년 동안 돈을 벌기 위해 학업을 중단해야 했다. 아버지가 석방된 후에 다시 학교에 다니게 되면서 열여덟 살 때 고등학교에 진학했다. 그람시는 고등학교 시절 형과 함께 하숙을 하면서 형이 보여주는 사회주의 관련 팸플릿을 읽으며 정치에 눈뜨기 시작했다. 또한 당시 사르디니아 지방을 휩쓴 사회적 저항운동에 영향을 받아 일찍부터 정치 의식이 싹텄다.

그람시는 스물한 살 때 장학금을 받고 튜린 대학교에 진학했지만 장학금 액수가 너무 적어서 항상 추위와 영양 결핍에 시달려야 했다. 그로 인해 2년간 심한 병고를 치르기도 했다. 그람시는 철학과 언어학에 남다른 재능을 보였고, 교수들도 그람시의 재능에 대해 많은 격려를 해주었다. 그러나 그람시는 가난과 질병으로 대학을 중퇴했다. 이 무렵에 그람시는 이탈리아 사회당에 가입했다. 그리고 스물일곱 살 때인 1917년 러시아 혁명이 일어났다. 러시아 혁명은 유럽은 물론 전 세계에 커다란 충격을 주었다. 러시아 혁명의 영향을 받아 레닌주의에 충실한 세력들이 이탈리아 사회당을 탈당하여 이탈리아 공산당을 결성했다. 그람시도 공산당에 참여해 1924년부터 공산당의 실질적인 지도자가 되었다.

1922년 무솔리니를 필두로 하는 파시스트 세력이 정권을 잡고 독재정치를 강화했다. 공산당은 파시스트 세력의 표적이었다. 1926년 10월 31일 열다섯 살짜리 소년이 무솔리니의 생명을 노렸다는 사실이 발표되었다. 사실 여부조차 확인되지 않은 이 사건을 빌미로 파시스트 세력들은 탄압을 더욱 강화했다. 공산당은 그람시에게 망명을 권유했다. 그러나 그람시는 거절했다. 그람시는 당시의 심경을 옥중에서 쓴 편지에 밝혔다.

선장은 배가 난파되었을 때 자신의 배를 떠나는 최후의 사람이 되어야 한다. 배를 탔던 다른 모든 사람들이 무사하게 내린 후에만 배를 떠날 수 있다. …… 그런 규범 없이 집단생활은 불가능하다. 왜냐하면 그런 규범이 없다면 아무도 자신의 생명을 남의 손에 맡겨야 하는 책무를 지거나 수행하려 하지 않을 것이기 때문이다.

당시 그람시는 국회의원의 신분이었지만 파시스트 세력들은 국회의원 불체포특권을 무시하고 그람시를 즉각 체포했다. 그람시는 구속된 직후부터 《옥중수고》를 쓰기 시작했다. 그러나 감옥이라는 열악한 환경에서 24시간 감시를 당하는 데다 동맥경화, 폐결핵, 척추결핵, 고혈압, 협심증, 통풍, 위장 장애 등 온갖 병이 복합적으로 재발하여 글쓰기 작업은 매우 더디게 진행될 수밖에 없었다.

현대의 '군주', 정당

그람시는 처형에게 보낸 편지에서 "무언가에 몰입할 수 있고 내 자신의 내적인 삶에 초점을 줄 수 있는 어떤 영원한 것을 쓰고자 한다"고 했다. 그러나 감옥은 자유롭게 글을 쓸 수 있는 여건을 제공하지 않았다. 계속적인 감시와 검열을 당해야 했고 받아볼 수 있는 책의 종류 역시 극히 제한되어 있었다. 여기에 여러 가지 질병이 복합적으로 재발하면서 글쓰기 작업은 중단되기 일쑤였다. 이런 악조건으로 인해 《옥중수고》는 완결된 형태의 저서가 되지 못했다. 완결된 논문이 있는가 하면 그때그때 생각나는 것을 메모해둔 것도 들어 있다. 《옥중수고》가 다루고 있는 분야는 대단히 방대하여 정치, 경제, 사회, 문화, 철학, 문학 등 인문과학과 사회과학의 거의 전 분야를 포괄하고 있다. 그중에서 그람시가 가장 관심을 두었던 분야는 정치였다.

그람시는 묻는다. 러시아에서는 혁명이 가능했는데 왜 서유럽에서는 혁명이 일어나지 않을까? 이 질문에 대답하기 위해 그람시는 이탈리아의 정치사상가 마키아벨리의 저서에 대한 주석부터 시작했다. 그람시는 마키아벨리의 《군주론》에 대해 "체계적인 논술이라기보다 정치 이념과 정치과학이 극적인 형태로 혼합되어 있는 생동감 있는 작품"이라고 평가했다. 그람시가 마키아벨리로부터 시작한 이유는 마키아벨리와 마찬가지로 정치학을 독립된 학문으로 정립할 필요가 있었기 때문이다. 당시 마르크스주의자들은 정치를 경제라는 토대 위에 서 있는 상부구조에 불과하다고 생각하여 독립된 영역으로 다루지 않았다. 그람시는 이런 사고에서 탈피하여 "상부구조 중의 특별한 수준으로서 정치 활동의 변증법적 위치를 수립하는 것"을 목표로 했다.

그람시는 정치의 가장 기본적인 요소로 "지배자와 피지배자, 지도자와 피지도자가 존재한다는 사실"을 들었다. 그람시는 이런 사실로부터

"어떻게 하면 가장 효율적으로 피지도자들을 지도할 수 있을까, 또 효율적인 지도를 위해 지도자는 어떤 준비를 해야 할까, 그리고 피지도자 혹은 피지배자의 복종을 확보할 때 저항을 최소화할 수 있는 노선 혹은 가장 합리적인 노선은 무엇인가"를 고민했다.

그람시의 고민은 정당의 문제, 즉 공산당의 문제와 연관된 것이었다. 정당은 현대의 '군주'다. 현대의 군주인 정당이 어떻게 대중을 지도하여 이탈리아 사회의 근본적인 변혁을 이룰 수 있을까? 그람시는 '감옥으로부터의 사색'을 통해 사회 변혁을 위한 새로운 전략을 제시했다.

전략을 변경하라

그람시는 국가와 시민사회를 구분했다. 그람시는 "국가는 성을 둘러싼 외곽에 불과하다. 국가 뒤에는 요새와 같은 강력한 체계가 버티고 있다"고 했다. 그 강력한 체계가 바로 시민사회다. 국가는 시민사회에서 헤게모니를 장악하고 있다. 헤게모니는 지배에 있어 강제와 동의의 결합을 특징으로 한다. 국가는 군대, 경찰 등 물리력을 동원하여 강제에 의한 지배도 하지만 시민사회로부터 동의도 얻는다. 그러므로 국가가 헤게모니적 지배를 하는 한, 국가를 일거에 무너뜨릴 수 없다. 그람시는 서유럽 사회의 특징을 이렇게 파악했다.

그람시는 이런 특징으로 인해 서유럽의 혁명이 러시아 혁명과 다를 수밖에 없다고 보았다. 당시 마르크스주의자들은 러시아 혁명의 예에 따라 노동자와 농민이 일거에 일어나 구체제를 타도하고 정권을 잡는 혁명이 서유럽에서도 가능하다고 믿었다. 이런 방식의 혁명을 그람시는 군사적인 개념을 도입하여 '기동전'이라고 불렀다. 그람시는 서유럽에서는 기동전이 어렵다고 보았다.

적어도 가장 발전한 나라들의 경우 정치기술과 정치학에 있어서 동일한 격하가 이루어져야 한다. 이들 나라에서는 '시민사회'가 직접적인 경제적 요소(공황, 불황 등)의 파국적 '기습'에 저항할 수 있는 복합적인 구조를 갖추고 있기 때문이다. 정치적 카도르니즘이 기대한 것과 같은 속도, 가속된 시간, 결정적 진군의 요소를 발견할 수 없을 것이다.

카도르니즘(Cadornism)이란 자신이 지도하는 사람들의 동의를 얻기 위한 노력을 조금도 하지 않은 권위주의적 지도자 카도르나의 이름에서 나온 말이다. 기동전이 어렵다면 어떻게 할 것인가? 그람시는 새로운 전략의 개념으로 '진지전'을 제시했다. 진지전은 "대립하는 기본 계급들 사이에 상대적으로 안정된 균형이 성립된 시기, 다시 말해 정면공격이나 기동전이 불가능한 시기에 가능한 유일한 투쟁 형태"라는 것이다. 서유럽에서는 러시아와 달리 국가에 대한 정면공격에 시민사회가 저항하기 때문에 혁명을 하려면 먼저 시민사회에서 헤게모니를 획득해야 한다. 이것이 그람시가 제시한 진지전이다. 진지전은 상황 때문에 어쩔 수 없이 선택한 전략이 아니다. 그람시는 이렇게 말했다.

> 한 사회의 집단은 통치 권력을 획득하기 이전에 이미 '지도'를 행할 수 있으며, 또 행해야 한다. 이것은 권력 획득에 가장 중요한 조건들 중 하나다.

진지전은 혁명이 있기 이전에도 시민 사회의 일부분을 실질적으로 지도할 수 있어야 한다는 적극적인 의미를 갖는다.

그람시의 사상은 사회의 변화를 갈망하는 사람들에게 커다란 영향을 미쳤다. 그들은 그람시로부터 사회의 변화와 변혁에 관한 전망을 얻고자 했다. 그람시가 제시한 시민사회, 헤게모니, 진지전 등의 개념이 오늘날에도 계속해서 연구 · 검토되고 있는 이유다.

그람시는 서유럽 국가에는 시민사회가 발전해 있기 때문에 러시아 혁명과 같은 혁명은 불가능하다고 했다. 그래서 시민사회에서 헤게모니를 잡는 것이 중요하다고 했다. 하버마스(Jürgen Habermas)는 시민들에 의해 공론장이 형성되어 국가기구에 맞서왔다고 했다. 두 사람의 글을 읽고 '여론의 중요성'에 대해 생각해보자.

◆ ◆ ◆

적어도 가장 발전한 나라들의 경우 정치기술과 정치학에 있어서 동일한 격하가 이루어져야 한다. 이들 나라에서는 '시민사회'가 직접적인 경제적 요소(공황, 불황 등)의 파국적 '기습'에 저항할 수 있는 복합적인 구조를 갖추고 있기 때문이다. 정치적 카도르니즘이 기대한 것과 같은 속도, 가속된 시간, 결정적 진군의 요소를 발견할 수 없을 것이다.

한 사회의 집단은 통치 권력을 획득하기 이전에 이미 '지도'를 행할 수 있으며, 또 행해야 한다. 이것은 권력 획득에 가장 중요한 조건들 중 하나다.

– 그람시, 《옥중수고》 중에서

◆ ◆ ◆

◆ ◆ ◆

좁은 의미에서 '공적(公的)'이라는 말은 '국가적'이라는 말과 동의어다. 이런 속성은 사법권의 규제와 정당한 강제력을 독점적으로 행사하는 국가기구의 기능과 연관된다. 국가기구의 권력에 맞서 생겨난 것이 시민사회다. …… 시민사회의 사적 영역에 관한 공중(公衆)의 관심사가 더 이상 공권력에 의해 만들어지거나 제한되지 않고 공중이 그 관심사를 자신의 문제로 여기면서 시민사회의 공적 영역은 더욱 발전했다. …… 이에 따라 국가와 시민사회가 행정 절차를 통해 지속적으로 접촉하는 지점에서 공중은 자신들의 이성을 사용하여 비판적 판단력을 키웠다. 시민사회의 공론장(公論場)은 개인들이 결집한 공중의 영역으로 파악될 수 있다. 공권력 그 자체에 대항하여 시민사회는 이제 국가에 의해 규제되어온 공적인 영역을 차지하고자 했다. …… 정치적으로 기능하는 공론장은 18세기로 넘어가는 문턱의 영국에서 처음으로 발생했다. 잡지와 신문은 정치적인 문제를 논의하는 공중의 비판적 기구로 가장 먼저 자리 잡게 되었다. 이 시기에 〈타임스(The Times)〉와 같은 새로운 거대 일간지와 더불어 정치적인 문제를 논의하는 공중의 다른 제도들도 출현했다. 공적 집회도 그 규모와 횟수가 증가했고 정치적 연합체 역시 많이 생겼다.

– 하버마스, 《공론장의 구조변동(Strukturwandel der Offentlichkeit)》 중에서

19

마지막 남은 원주민들의 발버둥

레비스트로스 《슬픈 열대》

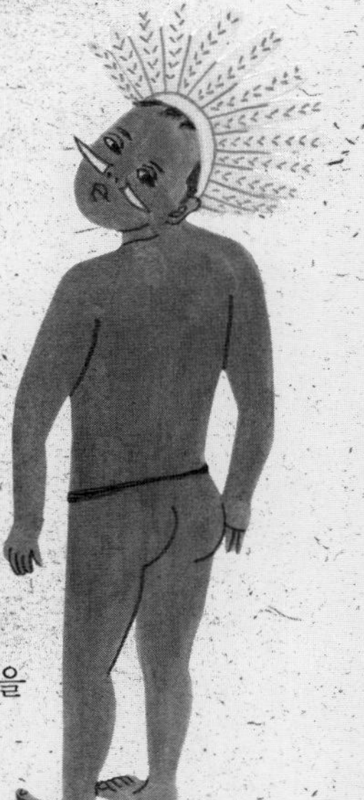

서울대 사상고전 100선에 선정된 핵심 포인트

현대 인류학에 지대한 영향을 남긴 레비스트로스의 일종의 자서전이라고 할 수 있는 저작으로서 철학으로부터 인류학으로 이행한 저자의 지적 여정이 기술되고 있다. 브라질 인디언들의 풍속 연구를 직접적 제재로 다루면서 인간과 사회에 대한 포괄적인 성찰을 담고 있는 동시에 현대 문명의 제반 문제에 대한 의미 깊은 시사를 던져주고 있다.

– 이동렬 서울대학교 명예교수

지적 자서전을 쓰다

> 나는 여행이란 것을 싫어한다. 또 탐험가들도 싫어한다. 그럼에도 지금 나는 나의 여행기를 쓸 준비를 하고 있다. 내가 여행기를 쓸 결심을 하기까지 꽤 오랜 시간이 걸렸다. 내가 브라질을 떠나온 지도 15년이 지났다. 그동안 나는 이 책을 쓸 생각을 수없이 해봤다. 그러나 그때마다 부끄러움과 혐오감이 들어서 그만두었다. 무엇 때문에 그 시시콜콜하고 무미건조한 사실과 사건들을 자세하게 기록해야 한다는 말인가.

레비스트로스(Claude Lévi-Strauss, 1908~2009)는 《슬픈 열대(Tristes tropiques)》를 이렇게 시작했다. 레비스트로스는 무엇을 부끄러워하고, 무엇에 대해 혐오감을 가졌을까? 《슬픈 열대》는 결코 시시콜콜하고 무미건조한 사실과 사건들의 기록이 아니다. 레비스트로스는 이 책을 통해 이른바 문명인이 얼마나 부끄러운 존재인지 그리고 문명이 얼마나 혐오스러운지를 보여준다. 레비스트로스가 책을 이렇게 시작한 이유는 슬픔과 비관이 교차했기 때문이다.

레비스트로스는 벨기에의 브뤼셀에서 태어났다. 아버지와 삼촌이 모두 화가였고 할아버지가 유대교 율법 선생으로서 교회를 관리했기 때문에 레비스트로스는 어려서부터 교회의 벽화, 성화, 명화를 접할 기회가 많았다. 또한 일찍부터 그림, 조각, 골동품 등을 수집했기 때문에 그림에 대한 안목과 식견을 가질 수 있었다. 레비스트로스는 파리 대학교에서 철학을 공부하고 스물세 살 때 철학 교수 자격시험에 최연소로 합격했다. 대학 졸업 후에는 국립 중·고등학교에서 근무하다 스물여덟 살 때인 1935년에 선배의 소개로 브라질 상파울루 대학교에 사회학 교수로 취임하게 되었다. 레비스트로스는 브라질에 체류하는 동안 주말이나 방학을 이용하여 아마존 강 유역의 원주민 사회를 답사할 기회를 갖게 되었다. 원주민들과 접촉하면서 인류학에 관심을 갖게 되었고 1936년에는 인류학 논문을 발표했다.

제2차 세계대전이 발발하자 레비스트로스는 영국과 프랑스 간의 통역 장교로 근무했다. 그러나 프랑스가 독일에 패배하자 미국으로 망명해 연구 생활을 했다. 1950년 파리 대학교의 고등연구원 6분과의 연구교수로 취임한 이래 레비스트로스는 짧은 기간 동안 아시아 지역을 여행한 것을 제외하고는 연구와 저술 활동에 몰두했다.

《슬픈 열대》는 레비스트로스가 브라질에 체류했던 1937년부터 1938년까지 브라질 내륙 지방에 살고 있던 카두베오 족, 보로로 족, 남비콰라 족, 투피 카와히브 족 등 네 개의 원주민 부족에 대해 쓴 글이다. 이 책은 네 개 부족에 대한 기록뿐만 아니라 레비스트로스 자신의 사상적 편력과 청년기 체험, 그리고 자신이 인류학자가 된 이유 등이 포함되어

생명의 물을 마시는
타히티 원주민

있어서 레비스트로스의 지적 자서전이라고도 할 수 있다. 레비스트로스는 《슬픈 열대》를 브라질을 떠나고 15년 뒤에야 썼다.

해체 과정을 연구하는 학문

레비스트로스는 본래 철학을 전공했다. 그러나 레비스트로스는 의식에 대한 일종의 심미적 명상에 몰두하는 당시의 철학적 연구 풍토에 회의를 느꼈다. 그래서 법학을 연구하기 시작했는데, 법학에서도 어떤 학문적인 객관적 근거를 발견할 수가 없었다. 이런 지적 갈등 끝에 레비스트로스는 인류학을 통해 비로소 지적 만족감을 얻게 되었다. 인류학에서 자신의 역사와 세계의 역사가 결합하고, 자신과 세계가 공유한 동기가 해명된다고 보았기 때문이다. 또한 인간의 다양한 습관, 태도, 제도를 연구하는 인류학을 통해 자신의 삶과 성격을 조화시킬 수 있다고 믿었다. 그래서 그는 브라질로 건너가 원주민 사회와 직접 접촉하면서 인류학적 조사를 실시했다. 인류학이 가져다주는 만족감에 대해 레비스트로스는 다음과 같이 말했다.

> 인류학은 나에게 지적 만족을 가져다준다. 인류학은 세계의 역사와 나의 역사라는 양극을 결합시켜서 인류와 나 사이에 공통되는 근거를 동시에 드러내 보인다. 인류학은 내가 인간을 연구하도록 함으로써 나의 회의를 덜어주었다. 한 문명에만 집착해서 그 문명 바깥으로 나가게 되면 자기 붕괴를 일으킬 사람들을 제외하고, 모든 인간들과

관련되는 변화와 차이를 인류학이 다루고 있기 때문이다. 인류학은 풍속, 습관, 제도 등 다양한 것들에 대한 무한한 자료를 나의 사고에 제공해주었고, 나의 불안과 파괴적인 갈망을 가라앉혀주었다. 인류학은 나의 성격과 생활을 융화시켜주는 것이다.

그러나 인류학은 영화 〈인디아나 존스〉에 나오는 것과 같은 모험이 아니다. 인류학적 탐구는 원시림 한가운데서 예상치 않게 겪게 되는 굶주림, 피로, 질병을 이겨내는 인내의 작업이었다. 이런 인내의 작업 끝에 레비스트로스는 무엇을 발견했을까? 레비스트로스는 원주민 사회가 해체되고 있음을 목격했다. 원주민 사회가 이른바 문명 사회와 접촉하면서 변질되고 있었다. 원주민 사회는 원주민들이 아니라 유럽 문명에 의해 파괴되고 있었다. 레비스트로스는 유럽 문명의 침략성에 분노했다. 그리고 레비스트로스는 인류학이 원주민 사회의 해체를 탐구하는 학문이라고 한탄했다.

열대가 슬픈 이유

레비스트로스는 자신의 브라질 현지 조사가 바로 해체 과정을 찾아 지구의 끝까지 갔던 작업이라고 생각했다. 레비스트로스는 현지 조사를 마치면서 다음과 같은 결론을 내렸다.

나는 루소가 말한 자연 상태를 찾아 지구의 끝에까지 갔다. 나는 보로로 족과 카두베오 족의 복잡한 사회의 베일 뒤에서 우리의 현재 상태를 적절히 판단하기 위해 정확하게 알아야 하는 어떤 상태를 찾으려고 애썼다. 루소는 그 상태가 더 이상 존재하지 않으며, 어쩌면 존재한 일조차 없거나 결코 존재하지 않을 것이라고 말했다. 나는 루소보다 운이 좋아서인지 거의 소멸 직전에 있던 한 사회 속에서 그와 같은 상태를 발견할 수 있었다. 그러나 이 사회가 루소가 마음속에 지니고 있던 사회의 흔적을 나타내는 것인지 아닌지를 묻는 일은 쓸데없는 짓일 것이다. 그 사회가 전통적인 모습 그대로이든, 아니면 타락해버린 모습이든 간에 나는 상상할 수 있는 모든 사회조직과 정치조직 가운데 가장 빈약한 조직과 접할 수 있었다. 나는 그 사회의 역사를 탐구할 필요가 없었다. 즉 그 사회가 원초적인 상태로 유지되고 있는지, 아니면 원초적이지 않은 상태로 변화했는지를 알아볼 필요가 없었다. 단지 내 눈앞에 전개되고 있는 변화의 모습을 관찰하는 것만으로 충분했다. 나는 가장 단순한 말로 표현할 수 있는 사회를 찾아다녔다. 나는 남비콰라 족의 사회에서 오직 인간만을 발견할 수 있을 정도로 단순한 사회를 찾았다.

《슬픈 열대》에는 원주민 사회에서 느낀 비애감이 우울하게 표현되어 있다. 레비스트로스는 광대한 열대가 이미 황폐해지고 있음을 보여주었다. 그곳의 자연은 풍요롭지 못하며, 원주민들은 생존의 한계에서 삶을 영위하고 있었다. 그리고 아직까지 도기 제조나 직조 기술을 습득하지 못한 부족에게 선교사, 대농장주, 식민주의자, 정부 기관의 직원 등이 유럽 문명을 침투시켜서 원주민 사회의 미묘한 균형을 깨뜨리고 있었다.

레비스트로스는 유럽 사회가 자신의 기준으로 다른 사회를 재단하려는 태도에 반대한다. 레비스트로스는 유럽 사회의 관점에서 원주민 사회가 야만적이라거나 비합리적이라고 생각하는 것을 잘못이라고 했다. 원주민 사회는 유럽 사회와 다른 사회다. 그러므로 이 세상에 더 우월한 사회란 없다. 레비스트로스는 다음과 같이 말한다.

만약 누군가가 자신들의 사회를 다른 사회와 연관 지어 평가할 수 있다고 주장한다면 그들은 자신들의 사회가 다른 모든 사회들보다 더 우월하다고 주장하는 것이다. 이런 주장 뒤에는 말장난이 있을 뿐이다. 그들은 자신들의 사회를 신비화한다. 그러면서 그들은 원주민 사회를 언급하는 우리가 원주민 사회를 신비화하고 있다고 비난한다. 고고학과 인류학의 조사에 따르면 어떤 문명들은 우리가 아직까지 고심하고 있는 문제들을 가장 훌륭하게 해결하는 방법을 알고 있었다.

《슬픈 열대》의 주제는 복합적이다. 문명에 대한 비판이 나타나는가 하면, 이국적인 것에 대한 환멸도 나타난다. 그리고 지금은 존재하지 않는 것들에 대한 탐구도 들어 있다. 레비스트로스는 이 모든 문제들에 대해 비관적인 어조로 지적 초탈과 정신의 평정을 강조한다. 레비스트로스가 보기에 악의 기원은 바로 문명이다. 레비스트로스는 신비스러운 조화의 구조를 가졌던 원시적 과거가 눈앞에서 파괴되고 소멸해가는 것을 목격했다. 그래서 이제 마지막 남은 원주민들이 자신들의 삶을 위해 발버둥치고 있는 열대는 슬픈 것이다.

레비스트로스는 유럽 중심적 사고를 비판하고 '문화 상대주의'를 주장했다. 반면에 독일의 철학자 헤겔(Georg Wilhelm Friedrich Hegel)은 유럽 중심적 시각에서 아프리카 원주민에 대한 평가를 했다. 두 사람의 글을 읽고 우리와 다른 문화를 바라볼 때 가져야 할 자세에 대해 생각해보자.

◆ ◆ ◆

완전한 사회란 없다. 어떤 인간 사회도 완전히 선하지도 않고 근본적으로 악하지도 않다. …… 두 개의 상반되는 형벌을 구별해보자. 식인 풍습이 있는 사회에서는 어떤 무서운 힘을 지니고 있는 사람들을 중화시키거나 그들을 자기네에게 유리하도록 변모시키는 유일한 방법이 그들을 자기네의 육체 속으로 빨아들이는 것이라고 믿는다. 반면 우리 사회에서는 범죄인을 축출 또는 배제해버린다. 축출된 존재는 특별한 목적을 위해 고안된 시설 속에서 인간성과의 모든 접촉이 거부된다. …… 우리는 죄인에게 형벌을 내림으로써 그를 어린아이로 취급하는 동시에 모든 사후적인 위로를 거절한다는 점에서 그를 성인으로서 취급하는 것이다. 단지 동료 인간들을 잡아먹는 대신에 그들을 신체적, 도덕적으로 절단한다는 단순한 이유만으로 우리들이 하나의 '위대한 정신적 진전'을 이루었다고 믿는 것은 우스꽝스러운 짓이 아닐 수 없다. – 레비스트로스, 《슬픈 열대》 중에서

◆ ◆ ◆

아프리카의 경우 우리가 가진 일반성의 범주를 단념하지 않으면 안 되기 때문에 아프리카 특유의 성격을 파악하기 어렵다. …… 흑인은 야만적이고 분방한 자연인의 모습을 그대로 보여주고 있다. 흑인들을 이해하려면 품위와 인륜 그리고 일반적으로 감정이라고 부르는 것을 모두 버리지 않으면 안 된다. 인간성의 영향을 그들의 성격 안에서 발견할 수 없다. …… 흑인은 윤리 의식이 극히 희박하다. 아니, 전혀 없다고 하는 편이 맞을 것 같다. 부모는 자식을 팔고, 자식은 부모를 판다. 어느 쪽이 소유권을 가지는가에 따라 차이가 있을 뿐이다. 흑인의 다처주의도 노예로 팔 수 있는 아이를 얻는 것이 목적이다. …… 흑인의 인간 멸시는 죽음을 경멸하는 것이 아니라 생명을 존중하지 않는 것에서 알 수 있다. 흑인의 용감성도 생명을 경시하는 데서 나온다. 실제로 흑인들은 유럽인과의 전쟁에서 몇 천 명의 사람이 잇달아 살해되어도 굴복하지 않았다. 요컨대 흑인들이 생명의 가치를 인정하는 경우는 그 생명이 어떠한 가치를 얻는 수단이 될 때뿐이라고 말해도 좋을 것이다.

– 헤겔, 《역사철학 강의(Vorlesungen über die Philosophie der Weltgeschichte)》 중에서

20

고고학의 방법으로 역사를 하다

푸코 《지식의 고고학》

서울대 사상고전 100선에 선정된 핵심 포인트

《광기의 역사》, 《말과 사물(Les Mots et les choses)》 등에서 전개된 고고학적 탐구를 체계화된 방법으로 발전시켜 서술하는 《지식의 고고학》은 방법론 자체에 대한 연구서에 속한다. 현상학과 해석학, 변증법과는 반대되는 관점에 서 있는 푸코의 사유구조가 담론 형성 규칙에 대한 분석에서 잘 드러나 있다. 역사 기술의 시각, 주체의 문제 등 굵직한 문제들이 다루어진다.

– 이동렬 서울대학교 명예교수

팬옵티콘은 현대의 감시구조

반지 모양의 원형 건물 안마당 중심에 탑이 하나 있다. 탑에는 여러 개의 큰 창문이 뚫려 있고 지그재그의 칸막이가 설치되어 있어서 안이 들여다보이지 않는다. 반지 모양의 원형 건물은 독방들로 나뉘어 있다. 독방은 건물의 앞면에서 뒷면까지 차지하고 있어서 항상 빛이 통과한다. 중앙의 탑에는 감시인이 한 명 배치되어 있고 각 독방에는 죄수가 한 사람씩 감금되어 있다. 중앙의 탑은 빛이 차단되어 있어서 감시인이 있는지 없는지를 확인할 수가 없지만 수감자들은 역광에 의해 언제나 환하게 모습이 보이도록 되어 있다.

영국의 공리주의 철학자 벤담(Jeremy Bentham)이 1791년에 설계하여 발표한 팬옵티콘(panopticon)이란 감옥의 구조다. 팬옵티콘이란 말은 '모두'를 뜻하는 그리스어 '판(pan)'과 '본다'를 뜻하는 그리스어 '옵티콘(opticon)'의 합성어다. 벤담은 한 사람의 감시인이 효율적으로 전체 죄수들을 감시할 수 있도록 팬옵티콘을 고안했다. 벤담이 팬옵티콘을 고안한 목적은 죄수들을 감시하기 위해서라기보다는 감옥 안에서 생길지 모를 사건, 사고를 방지하기 위해서였다. 벤담은 범죄자에 대한 처벌보다 범죄 예방을 주장한 사람으로서 팬옵티콘은 이런 생각이 반영된 감옥이었다.

세월이 흐르면서 잊혔던 벤담의 팬옵티콘을 푸코(Michel Foucault, 1926~1984)가 다시 불러냈다. 푸코가 팬옵티콘을 불러낸 목적은 벤담과 달리 현대 사회의 감시를 폭로하기 위해서였다. 푸코는 팬옵티콘이 현대 사회에서 일상적으로 일어나는 감시의 구조를 상징적으로 보여준다고 생각했다. 현대의 권력은 인터넷, 데이터베이스 등을 이용해서 개인들의 일거수일투족을 감시한다. 팬옵티콘에서 죄수들은 감시인을 볼 수 없어서 자신들이 감시당한다는 사실을 의식하지 못한다. 마찬가지로 푸코는 현대인이 자신들을 감시하는 권력을 볼 수 없어서 감시당하는지조차 의식하지 못한다고 보았다.

푸코는 지성사를 연구하여 주요 개념을 뒤집어 해석함으로써 현대 사회의 권력을 폭로하고 고발했다. 푸코는 자신이 하는 일이 "고통스럽기도 하고 즐겁기도 하다"고 했다. 푸코는 항상 새로운 뒤집기에 도전했다. 푸코는 말했다. "내가 누구인지 묻지 마라. 나에게 거기 머물러 있으라고 요구도 하지 마라." 자신의 사고는 한곳에 머물지 않고 계속 새로운 것을 향해 움직인다는 말이다.

푸코는 프랑스 중서부 푸아티에에서 태어났다. 푸코는 대학에서 병리학, 심리학, 정신분석학과 같은 의학 계열의 학문에 관심을 가지고 공부했다. 그래서 철학 석사 학위뿐만 아니라 병리심리학 석사 학위도 취득했고 졸업 후에는 과학적 심리학을 가르치기도 했다. 푸코는 1968년

팬옵티콘을 형상화한 쿠바의 감옥

벤담이 설계한 팬옵티콘

5월 프랑스 파리에서 일어난 봉기에 영향을 받아 본격적으로 정치철학에 관심을 갖게 되었다.

푸코는 대학에서 병리학, 심리학, 정신분석학을 공부했지만 역사학을 기초로 철학을 했다. 그래서 푸코를 두고 "철학자가 되기 위해 역사가가 되었다"는 평을 하기도 한다. 1969년에 발표한 《지식의 고고학(L'Archeolgie du savoir)》은 '역사란 무엇인가'라는 질문에 답을 하는 책이다. 푸코는 이 책에서 전통적 역사학을 뒤집는 새로운 역사학을 제시했다.

역사는 연속되지 않는다

푸코는 전통적인 역사학이 역사를 하나의 중심, 원리, 세계관 등과 연결시키려 한다고 했다.

> 역사가들은 정치적 돌발 사건을 다루면서 안정적이고 깨어지지 않는 평형, 항상적인 조절, 오랫동안 지속되면서 정상에 도달했다가 전복되는 경향 등 사건 속에서 복구해낸 커다란 주춧돌을 드러내고자 했다. 이런 분석을 위해 역사가들은 스스로 만들어낸 도구들, 예를 들면 경제적 성장 모델, 교환 유통의 양적 분석, 인구통계학적 성장과 후퇴 등을 사용했다. …… 역사가들은 정치적 지배, 전쟁, 기근

등으로 시끄러운 역사의 이면에서 거의 움직이지 않는 혹은 극히 완만한 경사를 이루는 역사들을 서술했다. 항로의 역사, 식량과 금광의 역사, 가뭄과 홍수의 역사, 굶주림과 풍요 사이에서 인류가 획득해온 평형의 역사 등.

푸코가 보기에 전통적 역사학의 주요 개념은 연속성과 총체성이었다. 전통적 역사학은 역사를 연속된 과정으로 다루면서 역사를 움직이는 원인, 사건의 경과와 결과를 총체적으로 파악하고자 했다. 이런 전통적 역사학에 푸코는 문제를 제기한다. 잡다한 사건들을 어떻게 연결시킬 것인가? 사건들은 어떻게 필연적으로 연결되는가? 연속성과 총체성을 어떻게 정의할 수 있는가? 이런 문제 제기 속에 푸코의 역사관이 드러난다. 역사는 결코 연속적이지 않다. 과거와 현재가 단절된 것이다. 따라서 역사 속에서 총체성을 발견해내려는 것은 허황된 일이다.

푸코는 당대에 새롭게 대두하고 있던 역사 연구의 한 경향에 주목했다. 지성사, 과학사, 철학사, 사상사, 문학사 등과 같이 지식의 역사를 다루는 분야에서 새로운 경향이 나타났다. 지식의 역사를 연구하는 역사가들은 전통적인 역사가들과 다른 방식으로 연구했다. 그들은 어떤 시대에 대해 서술하는 것이 아니라 '비약'에 주목했다. 그래서 비약이 일어나는 우발적인 사건이나 계기를 추적했다. 비약이 일어나면 비약 이전과 이후는 완전히 다르다. 그러므로 비약은 곧 전과 후의 단절이다.

그 단절을 어떤 학자는 '인식론적 활동과 문턱'이라 표현하기도 하고, 어떤 학자는 '인식론적 단절'이라고 부르기도 했다.

푸코는 문턱이라는 말을 쓰든 비약이라는 말을 쓰든 '역사의 불연속과 단절'을 표현한다고 보았다. 그래서 푸코는 그 개념들을 받아들였다. 푸코는 한 걸음 더 나아가 불연속과 단절을 지성사뿐만 아니라 역사 전체를 다루는 개념으로 확대했다. 역사 연구에서 어떤 분야는 연속이고 어떤 분야는 불연속이라는 식으로 왔다 갔다 해서는 안 된다. 역사는 연속되지 않는다. 따라서 역사에 대한 연구는 불연속에 대한 연구여야 한다. 그래서 푸코는 "새로운 역사학의 가장 본질적인 특징은 아마도 불연속으로의 전회일 것"이라고 말했다.

광기는 비정상인가

그러면 어떤 방법으로 역사를 연구할 것인가? 푸코는 '고고학'을 제안했다. 고고학은 "과거 인류가 남긴 물질적인 자료를 통해 당시의 문화, 즉 행위와 사회적 조직 및 이념 등을 복원하고, 과거 인류의 문화가 어떻게 그리고 왜 변화했는지 연구하는 학문"이다. 고고학에서 중요한 물질적 자료는 텍스트다. 푸코는 자신의 방법을 한마디로 요약하여 "텍스트에 문제를 제기하는 것"이라고 말한다. 왜냐하면 텍스트 연구가 텍스트의 해석이 아니라 텍스트의 가공으로 변질되었다고 보았기 때문이다.

역사학이란 분야가 생긴 이래 사람들은 텍스트를 이용하고 조사하며 텍스트가 의미하는 것뿐만 아니라 텍스트가 진짜인지 가짜인지에 대해서도 연구했다. 그렇게 해서 텍스트가 말해주는 바에 따라 과거를 재구성하고자 했다. 그러나 텍스트에 대한 입장이 바뀌기 시작했다. 텍스트는 해석의 대상이 아니라 역사를 가공하고 정교화하는 수단이 되었다. 역사가들은 텍스트를 통해 통일성, 집합, 관계를 정의하고자 한다.

푸코는 텍스트가 역사 연구의 바람직한 도구가 아니라고 말한다. 텍스트에 의존하면 역사가 방대한 텍스트를 정교화하는 일이 되어버린다. 푸코는 텍스트 이외의 것, 예를 들면 감옥, 병원 등과 같이 말없이 서 있는 과거의 흔적을 찾아 고고학적 방법으로 역사를 새롭게 인식하고자 했다. 특히 푸코는 르네상스 이후부터 오늘날에 이르기까지 유럽의 역사를 집중적으로 연구했다. 연구의 목적은 과거와 오늘이 단절되는 지점을 찾는 것이었다.

푸코는 현재를 과거와 단절시키는 것에 초점을 두었다. 그 이유는 현재의 권력이 과거를 이용해 현재를 정당화하려 하기 때문이다. 푸코는

《광기의 역사(Histoire de la Folie Age)》를 통해 '이성'이란 말이 가진 위험성을 폭로했다. 고대 그리스 이래로 광기는 창조성과 관계있는 것으로 중요시되어왔다. 플라톤은 "광기는 신이 준 것 중에 가장 좋은 것"이라고 말하기도 했다. 그런데 광기는 오늘날 정신병 현상으로 격리와 치료의 대상이 되었다. 푸코는 르네상스 이후의 역사를 분석하여 광기가 어떻게 배제되고 억압되었는지를 밝혔다. 르네상스 시대에 광인은 인간이 경험할 수 없는 신비한 능력을 지닌 사람으로 이해되었다. 17~18세기에 이르러 이성과 광기 사이의 관계에 근본적인 변형이 생겨나기 시작했다. 이성과 비이성을 구분하면서부터 광기가 배제되었다. 배제의 실행이 광인으로 몰린 사람들을 대대적으로 감금하는 것이었다. 광기는 이성으로부터의 일탈로 규정되었다. 광기의 정의는 단지 '이성이 아닌 것'이다. 따라서 이성을 어떻게 정의하느냐에 따라 광기에 대한 정의가 달라진다. 광기는 이성이 아닌 비이성으로 정의되기도 하고, 정상이 아닌 비정상으로 정의되기도 했다. 이것이 오늘날 흔히 사용하는 정상과 비정상이란 말이 생겨난 역사다.

푸코는 《광기의 역사》를 통해 이성은 '광기가 아닌 것'에 불과함을 보여주고자 했다. 이성에 대한 맹신의 위험성을 경고하고, 그 맹신을 이용하여 정상과 비정상을 갈라 유지하려는 현재의 권력을 폭로하고자 한 것이다. 우리나라의 역사에서도 이런 사례는 무수히 발견된다. 5.18 광주민주화운동 당시 권력자들은 광주 시민들을 비이성적 폭도, 즉 광기 어린 집단이라 매도하지 않았는가.

푸코가 현재를 과거와 단절시키고자 하는 이유는 현재의 역사가 중요하기 때문이다. 현재 발생하고 있는 억압과 편견 등은 현재의 권력에서 생겨난 것이다. 권력은 과거를 들추며 자신들을 정당화하려고 하지만 현재의 문제는 현재에 생겨난 것이다. 푸코에게 있어 역사 단절은 역사의 부정이 아니라 역사의 발전을 위한 것이다.

푸코는 오늘날 컴퓨터 네트워크와 텔레커뮤니케이션을 통한 감시가 이루어지고 있다고 했다. 그래서 오늘날의 권력은 과거의 권력보다 훨씬 교활하고 무섭다고 했다. 반면 오스트레일리아의 과학 저널리스트 마거릿 버트하임(Margaret Wertheim)은 사이버공간의 출현이 빅뱅에 견줄 만하다고 했다. 왜냐하면 사이버공간을 정신과 상상력을 위한 새로운 영역이라 보았기 때문이다. 두 사람의 글을 읽고 '사이버공간의 긍정성과 부정성'을 생각해보자.

◆ ◆ ◆

근대 권력은 조용하고 눈에 띄지 않아 일견 겸손하고 세련된 것처럼 보이지만 실은 과거의 과시적 권력보다 한층 더 교활하고 무서운 권력이다. 현대 사회는 컴퓨터 네트워크와 텔레커뮤니케이션의 비가시적, 가상적인 구조를 통해 권력을 조직한다. 통제의 방식은 물리적인 신체에 대한 감시가 아니라 모든 정체성이 데이터 이미지로 구성되어 있는 '데이터 감시'다. …… 컴퓨터 네트워크를 매개로 한 모든 행위는 문서화와 전자 등록에 의한 전자 흔적을 남긴다. 전자 발찌가 채워진 죄수들처럼 전자 네트워크상에서 이루어지는 우리의 모든 행위는 추적되고 기록된다. 우리는 빛의 속도로 움직일 수 있지만 우리의 족적은 달팽이처럼 우리가 가는 모든 곳을 따라다닌다. 현대 사회는 아무리 빠른 탈주라 해도 그 탈주를 권력의 지형 안으로 녹아들게 만드는 놀라운 능력을 개발하고 있다.

– 푸코, 《감시와 처벌》 중에서

◆ ◆ ◆

사이버공간은 빅뱅에 견줄 수 있을 만큼 기하급수적인 힘으로 우리 눈앞에서 폭발하고 있다. …… 서로 연결된 전 지구적 컴퓨터 네트워크 공간은 이전과 다른 영역으로 팽창하고 있다. 매일 수천 개에 달하는 새로운 '사이트'들이 인터넷 관련 네트워크에 추가되고 있으며, 이러한 새 사이트를 통해 사이버공간의 전체 영역은 점점 더 커지고 있다. …… 새로운 디지털 공간은 물리학이 탐구해온 공간 '너머'에 있다. 왜냐하면 사이버 세계는 물질의 소립자나 힘이 아니라 비트와 바이트로 이루어져 있기 때문이다. 데이터 패킷은 사이버공간의 존재론적 토대이며, 전 지구적 현상이 '출현하는' 근원이 된다. …… 우리는 사이버공간 발전의 중요성을 평가절하해서는 안 된다. 어떤 의미에서 실리콘칩은 우리를 형이상학적 통로로 이끈다. 한 웹사이트에서 다른 웹사이트로 여행하는 나의 '운동'은 어떠한 역학 방정식으로도 설명될 수 없고, 내가 활동하는 온라인 공간은 어떠한 물리적 미터법으로도 측정할 수 없다. …… 내가 사이버공간에 '들어갔을 때' 나의 몸은 의자에 편하게 앉아 있지만 '나'는 자체적인 논리와 지형을 가지고 있는 또 다른 세계로 송신된다. …… 사이버공간은 정신을 위한, 특히 상상력을 위한 새로운 영역이 되었다.

– 버트하임, 《공간의 역사(The Pearly Gates of Cyberspace)》 중에서

◆ ◆ ◆

5부

내면의 탐색

조기교육 열풍이 뜨겁다. 유치원에서 원어민 강사가 외국어 강의를 하는 모습은 이제 전혀 낯선 풍경이 아니다. 갓 태어난 아기 때부터 외국어를 가르쳐야 한다며 아기 앞에서는 외국어만 쓰는 가정도 점차 늘어나고 있다.

아기는 언제부터 학습 능력을 갖추게 될까? 말도 못 하고 자기표현도 제대로 못 하는 아기의 내면을 들여다보기는 매우 어렵다. 그렇지만 학자들은 끊임없는 관찰과 실험을 통해 미지의 세계를 들여다보려고 노력한다. 이런 노력은 아기의 심리 연구에만 해당하는 것이 아니다. 학자들은 자기의 연구 분야에서 미지의 세계를 탐색하려는 시도를 계속하고 있다. 미지의 세계에 대한 탐색은 연구 대상의 내면을 들여다보는 일이다. 수박의 겉을 핥아서는 수박의 맛을 알 수 없다. 그리고 내면에 대한 탐색과 성찰은 새로운 학문의 탄생으로 이어진다. 새로운 학문은 새로운 생각을 낳고 학문의 번성을 가져온다.

5부에서는 연구 대상의 내면을 깊이 있게 관찰함으로써 새로운 학문의 영역을 개척한 다섯 편의 글에 대해 해설했다. 뒤르켐의 《자살론》, 피아제의 《아동 지능의 근원》, 융의 《심리학과 종교》, 파노프스키의 《시각예술에서의 의미》, 톰슨의 《영국 노동계급의 형성》이 그것이다.

뒤르켐은 사회학적 방법을 실제의 연구에 적용하여 성과를 냄으로써 사회학이 학문으로 뿌리내리게 했다. 뒤르켐은 실증적 연구를 통해 자살이 개인의 문제가 아니라 하나의 사회현상임을 밝혀냈다. 피아제는 심리학을 아동 영역으로 확대하여 아동심리학의 뿌리를 내리게 했다. 피아제는 아동 지능을 연구하여 아동의 지능이 단계적 발달을 한다는 사실을 밝혀냈다. 융은 심리학의 대가 프로이트와 공동 작업을 하다가 결별한 후에 자신만의 독특한 학문 세계를 이루었다. 융은 마음의 근원에 종교가 있음을 주장하며 시대의 변화에 맞는 신의 이미지를 생성함으로써 심리적 질환을 치유할 수 있다고 했다. 파노프스키는 도상해석학을 주장하며 미술사학이 뿌리를 내리게 했다. 파노프스키는 미술사학이 인문학의 한 분야임을 증명했다. 톰슨은 역사 해석에 관한 독특한 시각을 보여주었다. 톰슨은 공장 또는 작업장에서 일하는 사람을 노동자라고 하는 관성을 깨고 영국 노동계급이 수공업 장인에서 형성되어 나왔다고 주장했다.

연구 대상의 내면을 들여다보는 일은 인접 학문과의 관계 속에서 이루어지는 경우가 많다. 오늘날 학문 사이의 통섭의 필요성이 제기되는 이유다. 새로운 생각, 새로운 학문의 출현은 학문 사이의 칸막이를 없애고 학문을 통합해가는 과정일지도 모른다.

21

자살은 집단적 경향이다

뒤르켐 《자살론》

서울대 사상고전 100선에 선정된 핵심 포인트

1897년에 출판된 사회학의 고전적 저작으로서 공식적 통계에 입각해 자살이라는 사회현상을 연구 검토하고 있다. 자살이 사회적 원인들의 결과임을 밝힘으로써 뒤르켐은 인간 개인을 집단적 현실로 규정하면서 사회학 연구에 새로운 지평과 방법론을 제시하고 있다.

– 이동렬 서울대학교 명예교수

자살은 사회적 현상이다

우리나라 보건복지부가 발표한 OECD 건강 통계에 따르면 2012년 우리나라 인구 10만 명당 자살자 수가 28.5명으로 OECD 평균(12.1명)의 2.4배 가까이 되는 것으로 나타났다. 우리나라의 자살률은 무려 10년째 OECD 34개국 중 1위다. 우리나라 인구를 5000만 명으로 잡으면 한 해 자살 인구가 1만 4427명에 달한다. 하루 평균 약 40명이 자살을 한다는 것이다. 우리나라에서 자살률이 급등하기 시작한 것은 1990년대 말 외환위기를 겪으면서부터였다. OECD 가입 초기인 1995년에는 인구 10만 명당 자살자가 12.7명으로 OECD 평균(15.5명)을 밑돌았는데, 외환위기를 거치면서 1998년에 21.7명으로 급격히 늘어났다. 그런데 외환위기가 해소된 이후에도 우리나라의 자살률이 계속 높은 이유는 무엇일까?

자살자가 발생하면 자살의 이유에 대해 여러 가지 추측들이 생겨난다. 그런데 대부분 자살의 이유를 개인적인 것으로 추측한다. '생계 비관'에서부터 '성적 비관'에 이르기까지 개인적인 이유에서 자살을 한다는 것이다. 그래서 자살을 개인적인 문제로 치부해버리는 경향이 있다. 그러나 뒤르켐(Émile Durkheim, 1858~1917)은 자살을 사회적 현상이라고 말한다. 뒤르켐은 자살이 사회적 원인에 의해 일어난다고 단언했다.

뒤르켐은 프랑스 동북 국경 근처의 알자스로렌 지방에서 태어났다. 알자스로렌 지방은 프랑스에서도 가장 민족주의적인 감정이 강한 곳으로 뒤르켐의 어린 시절에는 러시아와 전쟁의 참화를 겪었다. 뒤르켐은 파리에 있는 고등사범학교를 졸업한 후 독일에서 경제학, 민속학, 문화인류학 등을 배웠다. 서른 살 때 보르도 대학교의 교수가 되어 '교육학과 사회과학'을 주제로 강의하면서부터 가족, 법, 도덕, 범죄, 교육 등에 대한 사회학적 연구를 본격적으로 시작했다. 뒤르켐은 1896년에 〈사회학 연보(Année sociologique)〉를 발간하면서 뒤르켐 학파의 지도자가 되었다. 뒤르켐은 심리학적 사회학에 반대하고 실증주의에 입각한 객관적 사회학을 확립했다. 뒤르켐의 사회학은 개인보다는 집단에서 사회적 실체를 발견하고자 한다.

뒤르켐은 1897년에 발표한 《자살론(Le Suicide)》에서 19세기말 유럽에서 자살자가 늘어나는 현상에 대한 연구 결과를 발표했다. 뒤르켐에 따르면 자살은 개인적 원인이 아닌 사회적 원인에 의해 일어난다.

사회학적으로 규명된 《자살론》

뒤르켐은 《자살론》에서 자살의 원인에 대해 알려진 모든 요인들을 광범위하게 다루었다. 기상학적 요인을 비롯해 우주적 요인들, 종교, 결혼,

가족, 이혼, 원시적 관행, 사회적 상황, 경제적 위기, 범죄, 법, 역사, 교육, 직업 등 다양한 요인을 분석했다. 뒤르켐은 자살의 원인과 관련한 요인을 분석하기 위해 사회학적 방법을 사용했다. 뒤르켐은 자신이 사용한 사회학적 방법에 대해 《자살론》 서문에서 다음과 같이 밝혔다.

> 우리가 사용하는 사회학적 방법은 사실이 사물로서, 즉 개인의 외부에 존재하는 실체로서 연구되어야 한다는 기본 원리에 근거하고 있다. 그와 같은 원리가 많은 비판을 받아왔지만 그보다 더 근본적인 원리는 없다. 사회학이 존재하려면 무엇보다도 사회학이 연구할 수 있는 대상이 있어야 한다. 사회학은 다른 과학 영역에서 다루지 않는 실체를 인식하지 않으면 안 된다. 그러나 만일 개인의 의식 외부에 아무런 실체도 존재하지 않는다면 사회학은 연구 대상을 갖지 못한다. 개인의 의식 외부에 아무런 실체가 없다면 개인의 정신 상태만이 존재하는 것이기 때문에 개인의 정신 상태를 관찰하는 일밖에 할 일이 없다. 그러나 개인의 정신 상태를 연구하는 과제는 심리학에 속하는 것이다.

뒤르켐은 먼저 자살에 영향을 미치는 것으로 여겨지는 정신 질환, 인종의 특성, 유전, 기후, 기온, 모방 등 비사회적 요인을 검토했다. 그런 비사회적 요인들은 자살의 진정한 원인이 될 수 없다. 뒤르켐은 자살률,

즉 사회의 자살 양이 사회적 현상이라고 보았다. 그러므로 자살은 개인적인 형태로 설명될 수 없다. 자살은 한 사회에서 나타나는 자살의 경향과 동시에 발견되는 사회적 요인에 의해 분석되어야 한다.

뒤르켐은 종교, 가족, 결혼, 정치적 공동체 등 자살에 영향을 미치는 사회적 요인에 대해 세밀한 분석을 했다. 그리하여 사회적 통합과 사회적 규제가 자살과 관련 있음을 밝혀냈다. 예를 들어 정치적 위기 때 자살률이 감소하고, 경제적 위기 때 자살률이 증가하는 현상은 서로 다른 원인에서 찾을 수밖에 없다. 뒤르켐은 정치적 위기 때와 경제적 위기 때 자살률이 변화하는 원인을 사회적 통합과 사회적 규제의 정도에서 찾았다.

왜 자살을 하는가

뒤르켐은 자살을 세 가지 형태로 구분했다. 이기적 자살과 이타적 자살 그리고 아노미적 자살이 그것이다. 이기적 자살은 개인이 소속된 집단의 결속력이 약화될 때, 즉 사회적 통합의 정도가 낮을 때 주로 일어난다. 이때 지적인 직업을 가진 사람들의 자살률이 높은데, 개인의 자아가 사회의 자아보다 강력해지면서 이기주의적 상태로 인한 자살이 일어나기 때문이다. 뒤르켐은 정치적 위기 때 자살률이 낮아지는 이유는 당파심, 애국심이 작동하여 일시적이나마 사회적 통합의 정도가 높아지기 때문이라고 보았다. 종교에 따른 자살률의 차이 역시 마찬가지다. 뒤르켐은 프로테스탄트보다는 가톨릭, 기독교보다는 유대교가 통합성이 강하기 때문에 유대교, 가톨릭, 프로테스탄트의 순으로 자살 방지 효과가 높다고 보았다. 또한 뒤르켐은 가족생활에의 통합도가 낮은 개인들일수록 이기적 자살을 더 많이 한다는 사실을 통계적 자료로 입증했다.

이타적 자살은 사회적 통합의 정도가 너무 강할 때 주로 일어난다. 예를 들어 종교적 이유로 자살하는 경우가 바로 이타적 자살이다. 이는 종교가 개인을 종교생활에 몰입하게 함으로써 일어나는 자살이다. 그 외에도 뒤르켐은 유명인의 자살을 따라 하는 모방자살, 불치병에 걸린 사람의 자살 등이 모두 이타적 자살에 해당한다고 보았다. 자살의 동기가 자아의 외부인 집단에서 오기 때문이다.

이기적 자살과 이타적 자살이 사회 통합의 정도와 관계있다면 아노미적 자살은 개인에 대한 사회의 규제가 약화될 때 일어나는 자살이다. 사회적 규제가 적절하지 못한 경우 개인은 일종의 무규율 상태, 즉 아노미 상태에 빠진다. 뒤르켐은 아노미적 자살이 주로 공업과 상업의 세계에서 일어난다고 보았다. 경제적 위기가 나타나면 개인들은 이전의 생활 패턴에 따른 기대가 충족되지 않는 새로운 생활에 적응하지 못하고 결국 자살이 늘어난다. 경제 상황이 좋을 때도 역시 새로운 상황에 적응하지 못해 자살하는 경우가 많은데, 이 역시 아노미적 자살이다. 또한 배우자를 잃은 위기에서 발생하는 자살 역시 아노미적 자살이라고 한다. 결혼 상태가 주는 규제에서 벗어남과 동시에 새로운 상황에 적응하지 못하여 자살에 대한 저항이 약해진 결과 일어난 자살이기 때문이다. 인기가 떨어져서 자살하는 유명인의 경우도 자신에게 익숙한 지위 밑으로 갑자기 떨어지면서 아노미 상태에 빠져 극단적인 선택을 한 것이라고 할 수 있다.

자살 문제는 훈계로 해결할 수 없다

뒤르켐은 자살에 대한 연구를 통해 어떤 사회에서든 일정한 자살의 경향이 있음을 밝히고 자살이 집단적 경향임을 보여주었다. 그런 집단적 경향은 개인적 경향과 구분되는 독자적인 사회적 사실이다. 그리고 개인의 자살 경향은 집단 경향과 관련해서만 분석될 수 있다. 집단 경향은 개인들이 집단 안에서 생활을 영위하고 있는 사회구조의 반영이기 때문이다.

그러면 자살률 증가와 같은 현상은 왜 일어나는가? 뒤르켐은 사회의 집단의식이 약화되고 사회조직에 근본적인 결함이 있기 때문이라고 했다. 뒤르켐에 따르면 19세기 유럽에서 자살이 급증한 이유는 산업혁명에 따른 급격한 사회변동으로 사회적 통합이 이루어지지 않았기 때문이다. 즉 뒤르켐은 전통적인 사회관계가 해체되고 새로운 사회관계가 정착되지 못한 과도기적 상황에서 이기적, 아노미적 자살이 급증했다고 보았다. 그러므로 단순한 교육이나 훈계나 억압은 자살률 증가에 대한 대책이 될 수 없다. 뒤르켐은 개인을 새로운 사회관계에 통합시킬 새로운 유대를 확립해야 한다고 주장한다. 이 새로운 유대의 통합은 직업 집단을 통하여, 즉 이해 의식에 기초한 자발적 결사를 통하여 달성되어야 한다고 말한다.

직업 집단은 이중적인 성격을 갖는다. 직업 집단은 개인들의 탐욕을 규제할 만큼 충분히 개인들을 지배할 수 있으며, 동시에 개인들의 욕구에 동정하지 않을 수 없을 만큼 개인들의 삶을 중요하게 생각한다.

자살의 원인에 대한 해명은 쉽지 않은 과제다. 죽은 자가 자살 동기를 밝히지 않는 한, 자살의 원인을 명확하게 밝히기는 쉽지 않다. 그럼에도 뒤르켐의 연구는 자살 현상에 대한 가장 중요한 사회학적 업적이다. 자살의 원인에 대한 연구에서 보여준 뒤르켐의 과학적 방법은 오늘날까지도 사회과학도에게 하나의 모범이 되고 있다.

뒤르켐은 자살이 개인적 원인이 아니라 사회적 원인에 의해 일어난다고 주장했다. 미국의 경제학자 프리드먼(Milton Friedman)은 빈곤이 개인적 원인에 의해 발생하므로 빈곤층에 대한 국가적 지원이 필요하지 않다고 주장했다. 두 사람의 글을 읽고 자살, 빈곤 같은 문제가 '개인적 원인'에 의해 발생하는지, 아니면 '사회적 원인'에 의해 발생하는지 생각해보자.

◆ ◆ ◆

자살과 사회적 통합 사이에는 어떤 관계, 주목할 만한 사회적 사실이 있다. 자살은 개인이 일부분인 사회적 그룹들의 통합 정도에 반비례해 달라진다는 것이다. 그래서 이런 종류의 자살을 '이기적 자살'이라고 부른다. 이기적 자살은 개인의 자아가 사회적 자아에 맞서서 자신을 희생하면서까지 과도하게 자기를 고집하는 상태에서 발생한다. …… 두 번째 타입은 도덕적 해이 상태나 아노미적 상태에서 발생한다. 자살률은 경제가 침체되는 시기에 눈에 띄게 증가한다. 그러나 또한 경제가 번영을 누릴 때도 역시 같은 정도로 증가한다. 경제적 사이클에서 갑작스러운 상승적 그리고 하강적 변화는 익숙한 생활양식을 뒤흔드는 효과를 가짐으로써 '아노미적 자살'을 초래한다. …… 세 번째 타입인 '이타적 자살'에는 두 가지 종류가 있다. 하나는 '의무적인 것'이고 다른 하나는 '부가적인 것'이다. 전통적 사회에서 개인은 특정한 상황에서 자살을 해야 하는 의무 때문에 스스로 목숨을 끊는다. 이것을 의무적 자살이라고 부른다. 부가적 자살이란 현대 사회에서 조장되고 있는 명예와 위신이라는 코드와 종종 연관이 있다. 두 가지 모두 하나의 강력한 집합적 가치가 존재한다는 것에 의존하고 있다.

– 뒤르켐, 《자살론》 중에서

◆ ◆ ◆

오늘날 선진국에서 정부의 지출이 가장 많은 분야는 복지다. 그리고 복지 분야 중에서 대규모 정부 지출이 이루어지는 대표적인 프로그램은 공적 연금이다. 공적 연금은 정부가 노인들에게 매달 정해진 급여를 제공하는 것으로, 그 재원을 마련하기 위해 경제활동에 종사하는 국민들은 매달 소득의 일정액을 연금보험료로 정부에 납부해야 한다. 이런 면에서 연금은 국가가 국민들에게 요구하는 일종의 강제 저축이다. 공적 연금을 지지하는 사람들은 국민의 노후 생활 보장을 위한 국가의 개입은 정당하다고 주장한다. 그러나 자유의 가치를 존중한다면 개인이 자신에게 해로운 선택을 할 자유도 인정해야 한다. 어떤 사람이 현재를 즐기는 데 자신의 소득을 모두 쓰는 대가로 궁핍한 노년을 감수하기로 결정했다면 우리가 무슨 권리로 그것을 막을 것인가? 우리는 대화를 통해 그가 잘못 생각하고 있다고 설득할 수는 있다. 그러나 우리에게 그의 결정을 강제로 바꿀 권한이 있을까? …… 자발적인 노후 대비가 어려운 소수에게는 어느 정도 국가의 지원이 필요할 수 있다. 하지만 나머지 다수에게는 스스로 노후 대비를 하도록 맡겨두는 것이 연금 가입을 강제하는 것보다 바람직하다. 다수가 자발적으로 노후 대비를 할 수 있다면 공적 연금 제도는 별 이득도 없이 너무 큰 비용을 지불하는 셈이다. 이 제도는 우리의 소득 가운데 상당 부분에 대한 처분권을 박탈했으며 국가 재정의 위기를 초래했다.

– 프리드먼, 《자본주의와 자유(Capitalism and Freedom)》 중에서

◆ ◆ ◆

22

선생은 안내자가 되어야 한다

피아제 《아동 지능의 기원》

서울대 사상고전 100선에 선정된 핵심 포인트

저자인 피아제는 세계적인 아동심리학자로 알려져 있지만 그의 근원적인 관심은 '발생적 인식론'에 있었다. 그래서 이 책에서는 우리의 인간 현실 세계에 존재하는 여러 가지 현상과 대상들(예컨대 꿈, 생명과 생명체, 해와 달, 물, 나무, 산, 땅 같은 것들)은 과연 무엇이며, 그 기원은 무엇인가 하는 물음에 대해서 어린이들은 과연 어떻게 인지하고 있는가, 어린이들도 성인과 같은 개념을 갖고 있는가, 다르다면 어떻게 다른가, 언제부터 성인과 같은 개념을 갖게 되는가 하는 물음의 해답을 얻고자 철학적인 방법이 아닌, 심리학의 방법을 통해 탐색하고 있다.

– 서봉연 전 서울대학교 명예교수

무척이나 조숙한 아이

왜 초등학교에는 여덟 살에야 갈 수 있을까? 법으로 그렇게 정했기 때문이다. 1895년에 근대적 교육기관인 소학교가 만들어지면서 8세 입학이 법으로 정해져 오늘날까지 이어지고 있다. 굳이 여덟 살에 입학을 허용한 근거로는 어린이의 신체 발달 정도를 들 수 있다. 여덟 살이 되어야 아이들이 학교생활에 적응할 수 있다는 것이다.

그렇다고 아이들이 여덟 살부터 교육을 받기 시작하는 것은 아니다. 20여 년 전만 해도 아이들은 초등학교에 들어가면서부터 교육을 받기 시작한다는 생각이 일반적이었다. 그러나 지금 그런 생각을 가진 사람은 거의 없다. 오히려 교육은 빠르면 빠를수록 좋다는 주장이 급격히 확산되고 있다. 이른바 조기교육 열풍이다.

특히 영어 교육에서 조기교육 열풍이 두드러진다. 이제 막 말을 배우기 시작한 아이가 영어책을 보고 있는 모습은 결코 낯설지 않은 풍경이 되었다. 세계화 시대에 어차피 영어를 배워야 한다면 최대한 일찍부터 배우는 편이 좋다는 것이다. 대학 총장 출신의 인사가 "미국에 가서 '오렌지'를 달라고 했더니 아무도 못 알아듣더라. 그래서 '아륀지'라고 했더니 가져오더라"라고 말하면서 영어 조기교육 열풍에 기름이 부어졌다. 하지만 영어 조기교육에 반대하는 목소리도 만만치 않다. 우리말을 제대로 익히지 못한 아이가 영어를 배우다 보면 언어상의 혼란이 발생한다는 것이다. 또한 영어 조기교육으로 아이의 정체성이 뿌리째 흔들린다고도 한다.

조기교육에 대한 찬반 토론은 여전히 현재 진행형이다. 그런데 조기교육에 찬성하든 반대하든 양쪽의 공통점이 있다. 양쪽 모두 피아제(Jean Piaget, 1896~1980)의 이론을 근거로 내세운다는 점이다. 피아제의 이론이 무엇이기에 서로 다른 주장의 근거가 되고 있는가?

피아제는 스위스의 뇌샤텔에서 태어났다. 피아제는 "무척이나 빨리 정신적으로 성숙했다"라고 스스로 말한 것처럼 열 살 때 공원에서 관찰한 백색종 참새에 관한 논문을 발표했다. 또한 연체동물에 관한 여러 편의 논문을 발표하여 열다섯 살 때는 이미 유럽의 동물학자들 사이에서 이름이 알려졌다. 피아제는 동물학에 관한 연구로 박사 학위를 받은 후 심리학 분야로 관심을 돌렸다. 프랑스의 소르본 대학교에서 심리학을 공부하고 심리검사의 표준화 작업에 종사하면서 특히 심리검사에 참여한 어린이들의 추리 능력에 관심을 가지고 연구를 했다. 피아제는 어린이의 사고 발달 과정을 관찰하고 그 결과를 무려 50권이 넘는 책과 100편이 넘는 논문으로 발표했다. 그 수많은 책과 논문 중에서 가장 대표적인 저서가 《아동 지능의 근원(La naissance de l'intelligence chez l'enfant)》이다. 《아동 지능의 기원》은 1925년에서 1931년 사이에 태어난 자신의 아이들을 관찰함으로써 얻은 결론을 1948년에 발표한 것이다.

경험론과 합리론의 종합

피아제의 이론을 이해하려면 먼저 그 철학적 배경을 알아야 한다. 피아제는 자신을 칸트의 제자라고 했다. 칸트는 경험론과 합리론을 비판하여 인식론적 전회를 이루었다. 마찬가지로 피아제는 경험론과 합리론을 고찰·비판하고 지식에 관한 새로운 이론을 정립하고자 했다.

경험론자들은 인간이 '백지 상태'로 태어난다고 보았다. 즉 지식은 경험을 통해서 얻어지는 것이다. 그러나 경험론은 논리적 필연성을 설명하지 못하는 문제가 있다. 예를 들어 '2+2=4'를 보자. 돌멩이 두 개에 다른 돌멩이 두 개를 합하면 네 개의 돌멩이가 된다. 그렇지만 물방울을 이용하면 다른 결과가 나온다. 두 개의 물방울에 두 개의 물방울을 합하면 두 개의 물방울이 될 뿐이다. 따라서 경험과 학습을 통해 지식을 얻는다는 경험론의 입장에서는 '2+2=4'라는 명제가 항상 참이라는 것을 설명할 수 없다.

경험론과 달리 합리론자들은 인간이 지식을 가지고 태어난다고 보았다. 이때 인간이 가지고 태어난 지식을 '선천적인 관념' 혹은 '본유 관념'이라고 한다. 합리론의 입장에서는 '2+2=4'라는 명제가 항상 참이라는 것을 쉽게 설명할 수 있다. 그 명제가 항상 참이라는 지식을 인간이 가지고 태어나기 때문이다. 그러나 합리론은 아이들이 왜 고등수학을 하지 못하는지를 설명하지 못한다. 합리론자들은 아이들이 가지고 태어난 고등수학의 관념을 활성화하지 못했기 때문이라고 말한다. 그렇지만 그런 설명은 설득력이 없다. 아이들이 고등수학을 하려면 학습을 해야 한다. 그것도 오랫동안.

피아제는 칸트와 마찬가지로 경험론과 합리론을 비판적으로 종합하고자 했다. 피아제는 인간의 주체적 활동을 강조한다. 인간은 경험론이 말하는 것처럼 경험을 통해 지식을 수동적으로 받아들이는 존재가 아니라 경험을 해석하고 구성하는 능동적 존재다. 즉 인간은 경험을 해석하고 구성하는 사고력을 타고난다. 그리고 피아제는 경험을 중시한다. 선천적인 사고력을 가지고 있다고 해도 경험을 통해 받아들인 사실이 없다면 지식을 얻을 수 없다. 즉 지식의 원천은 경험이다. 인간은 경험한 것만을 알 수 있을 뿐이다.

피아제의 철학이 칸트의 철학과 다른 점은 선천적인 사고력이 발달의 과정을 거친다고 주장한 점이다. 칸트는 경험을 구성할 수 있는 선천적인 사고력, 즉 공간, 시간, 정체성, 인과성 등과 같은 형식과 범주가 처음부터 완벽한 형태로 주어진다고 가정했다. 그러나 피아제는 그런 형식과 범주가 처음부터 완벽한 것이 아니라고 보았다. 아이들의 선천적인 사고력은 원시적인 초기 상태다. 아이들이 성장하면서 환경과 지속적인 상호작용을 하고 그 과정에서 선천적인 사고력이 발달한다. 피아제는 그 발달 과정을 밝히기 위해《아동 지능의 기원》을 썼다.

선천적 사고력 발달론

피아제는 아이들이 선천적으로 사고력 발달의 시간표를 갖고 태어난다고 했다. 피아제는 이 시간표를 4단계로 구분한다. 감각 운동 단계, 전 조작 단계, 구체적 조작 단계, 형식적 조작 단계가 그것이다.

피아제는 아이가 태어나자마자 정신 활동을 시작한다고 말한다. 유아가 어른들과 같은 정신 활동을 한다는 것은 아니다. 감각 운동을 통해 뒷날의 인지 발달을 준비한다는 것이다. 그래서 피아제는 이 시기를 감각 운동 단계라고 불렀다. 두 살 때까지 계속되는 이 시기에 지능의 구조가 진화하기 시작한다. 갓 태어나서는 단순한 반사 행동만 하지만 생후 2개월이 되면 사물을 빨기 시작한다. 이 과정에서 유아는 원시적이나마 사물을 구분하게 된다. 4~8개월 사이에 보기와 만지기를 하면서 보이는 것은 무엇이든 잡으려고 한다. 1년이 지나면 말하기를 시작하며 지적 조작의 진화가 뚜렷이 나타나기 시작한다. 만 두 살 무렵이면 사물을 내적으로 표현할 수 있게 된다.

전 조작 단계는 두 살부터 일곱 살에 이르는 시기다. 이때 아이들은 감각으로 사물을 인식하는 상태에서 개념과 상징으로 사물을 인식하는 상태로 진화한다. 이 시기의 중요한 특징은 언어 발달이다. 두 살이 되면 아이들은 사물을 직접 가리키는 것에서 사물을 상징하는 단어를 사용하는 수준으로 발전한다. 그리고 네 살이 되면 언어 사용에 자신감을 갖게 된다. 언어 사용은 지적 활동에 큰 영향을 미친다. 피아제는 다음과 같이 말한다.

> 언어는 지적 발달에서 세 가지 중요성을 갖는다. 첫째, 다른 사람과 언어로 소통함으로써 그 사람과의 관계를 알게 해준다. 둘째, 언어와 기호 체계로 사고가 가능해진다. 마지막으로 언어는 활동을 내면화한다. 이때까지의 지각적이고 운동적이었던 수준이 아니라 영상과 정신적 실험을 통해 직관적으로 표상할 수 있게 된다.

구체적 조작 단계는 일곱 살에서 열한 살까지의 시기로, 이때 아이의 추리 과정이 논리적으로 발전한다. 구체적인 문제에 적용할 수 있는 논리적 사고가 발달하고 사물의 유사점과 차이점을 구별하기 시작한다. 그리고 시간과 수의 개념을 파악하기 시작한다. 그러나 이 단계의 아이는 아직 높은 수준의 논리적 조작을 하지 못한다. 아이들이 발달시킨 논리적 조작은 구체적인 문제에만 적용할 수 있을 뿐이다. 그래서 가설적이거나 순수 언어적인 문제에는 논리를 적용시키지 못한다. 그래서 아이들은 순수 언어 문제를 제시하면 정확히 해결하지 못하지만 그 문제를 실제의 사물로 제시하면 해결해낸다.

형식적 조작 단계는 열한 살에서 열다섯 살까지의 기간이다. 이 기간에는 논리적 조작이 필요한 모든 문제를 해결할 수 있는 능력이 발전한다. 피아제는 이 기간 동안 아동의 인지적 구조는 성숙의 수준에 이른다고 말한다. 사실상 이 이후로는 인지구조의 구조적 개선이 더 이상 일어나지 않는다. 따라서 이 시기의 아이는 어른과 같이 사고할 수 있는 형태를 갖추게 된다. 그렇다고 어른들과 똑같은 사고를 할 수 있다는 것은 아니다. 다만 어른들의 중요한 사고 능력인 형식적 사고를 할 수 있게 된다는 의미다. 이 기간 이후에 일어나는 사고 능력의 변화는 논리적 조작과 구조의 질적인 변화가 아니라 양적인 변화다. 따라서 지능의 내용과 기능에서 개선이 일어난다. 즉 이 시기가 지나면 사고방식은 개선되지 않지만 사고의 내용과 기능은 끊임없이 개선된다.

피아제의 아동 지능 발달 4단계론은 아이들의 학습과 교육에 관한 이전의 견해들을 재평가하는 계기가 되었다. 아이들의 지능이 정해진 시간표에 따라 발달하는 것이라면 교육을 많이 한다고 해서 어른들이 바라는 대로 아이들이 조기에 익힐 수는 없기 때문이다. 그러므로 피아제 이론에 따르면 교사는 지식의 전달자가 아니라 아이 스스로 세계를 발견할 수 있도록 이끄는 안내자가 되어야 한다.

피아제는 아동의 사고력 발달을 4단계로 구분하여 설명했다. 장 자크 루소는 피아제가 구체적 조작적 단계라고 이름 붙인 일곱 살에서 열한 살까지의 아동에게 도덕과 사회적 관계를 가르쳐서는 안 된다고 했다. 이 시기의 아동은 감각적 사물에 자극을 받으므로 아동들의 사고가 감각에 머무르도록 하는 편이 좋다는 것이다. 다음의 두 글을 읽고 두 사람의 교육관이 어떤 면에서 유사한지 생각해보자.

◆ ◆ ◆

구체적 조작 단계는 일곱 살에서 열한 살까지의 시기로, 이때 아이의 추리 과정이 논리적으로 발전한다. 구체적인 문제에 적용할 수 있는 논리적 사고가 발달하고 사물의 유사점과 차이점을 구별하기 시작한다. 그리고 시간과 수의 개념을 파악하기 시작한다. 그러나 이 단계의 아이는 아직 높은 수준의 논리적 조작을 하지 못한다. 아이들이 발달시킨 논리적 조작은 구체적인 문제에만 적용할 수 있을 뿐이다. 그래서 가설적이거나 순수 언어적인 문제에는 논리를 적용시키지 못한다. 그래서 아이들은 순수 언어 문제를 제시하면 정확히 해결하지 못하지만 그 문제를 실제의 사물로 제시하면 해결해낸다.

– 본문 중에서

◆ ◆ ◆

◆ ◆ ◆

이성을 갖추는 시기가 될 때까지 도덕이나 사회적 관계에 대한 사고를 하는 것은 불가능하다. 그러므로 도덕이나 사회적 관계를 나타내는 말을 아이들 앞에서 가급적 사용하지 말아야 한다. 아이가 그런 말에 대해 잘못된 생각을 가지게 되면 성인이 되어서도 바로잡기 힘들기 때문이다. 아이가 감각적인 사물에만 자극을 받는 동안 아이의 모든 사고는 감각에 머무르도록 하는 것이 좋다. 아이가 주위 어디를 보아도 감각적인 세계만을 보게 해주는 것이 좋다. …… "아이와 함께 토론하라." 어떤 철학자가 제시한 중요한 준칙이다. 이 말은 오늘날 대단히 유행하고 있다. 그러나 이 준칙을 지킨 결과는 그리 바람직하지 못하다. 나는 어른과 토론을 해온 아이만큼 어리석은 존재는 없다고 생각한다. 인간의 모든 능력 중에서 다른 모든 능력들을 종합한 능력인 이성은 가장 늦게 발달한다. 그럼에도 사람들은 이성을 사용하여 다른 능력을 발달시키려 한다. 훌륭한 교육이란 이성적인 인간을 만드는 것이다. 그런데도 사람들은 이성으로 아이를 교육하려 한다. 그 교육은 맨 마지막 단계에 시작되는 교육이다. …… 그런데 사람들은 아주 어릴 때부터 조금도 알아듣지 못하는 말을 아이에게 함으로써 아이들에게 말만으로 만족하는 습관을 길러주고, 또 아이들이 다른 사람의 말을 일일이 따져서 자신이 마치 선생과 똑같이 지혜로운 인간인 것처럼 착각하게 하여 논쟁을 좋아하는 반항아가 되도록 가르치고 있다. …… 자연은 아이가 어른이 될 때까지 아이로 있기를 원한다. 이 순서를 어지럽히면 익지도 않고 맛도 없으며 곧 썩어버리는 과일을 만드는 꼴이 된다. 아이에게는 아이 특유의 사물을 보는 법, 생각하는 법, 느끼는 법이 있다. 그런데 아이들에게 어른들이 보는 법, 생각하는 법, 느끼는 법을 가르쳐주려고 하는 것처럼 분별없는 짓은 없다. 열 살짜리 아이에게 판단력을 요구하는 것은 아이에게 6척의 키를 요구하는 것과 같다. 사실 그 나이에 이성이 무슨 도움이 되겠는가.

– 루소, 《에밀(Émile ou de l'éducation)》 중에서

◆ ◆ ◆

23

종교심리학의 기초를 닦다

융 《심리학과 종교》

서울대 사상고전 100선에 선정된 핵심 포인트

종교를 심리학적으로 설명하려는 이 책은 두 가지 점에서 종교의 실재성을 주장한다. 하나는 무의식의 자율성을 종교의 근원적인 자리라고 이해하는 점이고, 또 하나는 그런 경험이 자연적 상징과 역사 속에서 나타난다는 주장이다. 따라서 종교에 대한 사변적 탐구나 교의적 고백만을 익혀온 종교인들 또는 종교를 환상으로 여기는 소박한 지성인들에게 이 책은 훌륭한 성찰의 자료가 될 것이다.

– 정진홍 서울대학교 명예교수

콤플렉스의 유래

테베의 라이오스 왕은 자식이 없는 것을 걱정하여 신에게 도움을 청했다. 신은 아들이 태어나면 아버지를 몰락시킬 것이라고 예언했다. 얼마 후 이오카스테 왕비가 아들을 낳자 라이오스 왕은 아들을 죽이려 했다. 그는 양치기에게 아들을 산에 갖다 버리라고 했지만 양치기는 아이를 이웃 나라인 코린토스의 양치기에게 넘겨주었다. 코린토스의 양치기가 그 아이를 왕에게 바치자 코린토스 왕은 그 아이를 양자로 키웠다. 아이의 발이 부어 있었기 때문에 아이의 이름을 '퉁퉁 부은 발'이라는 뜻의 오이디푸스라고 했다.

어느 날 오이디푸스는 신전에서 자신이 아버지를 죽이고 어머니와 결혼할 것이라는 예언을 듣게 되었다. 코린토스 왕을 친아버지로 알고 있던 오이디푸스는 자신의 운명을 피하기 위해 코린토스를 떠나 테베로 향했다. 도중에 테베의 라이오스 왕 일행을 만나 시비가 붙고 오이디푸스는 라이오스 왕을 죽이고 말았다. 이후 오이디푸스는 테베에서 괴물 스핑크스를 물리치고 왕이 되었다. 이오카스테 왕비를 아내로 맞아 자식까지 낳았다. 그러자 테베에 원인 모를 전염병이 번졌다. 오이디푸스가 신에게 도움을 청하자 신은 라이오스 왕의 죽음에 관한 진실을 밝히라고 했다. 오이디푸스는 진상 조사를 하던 중 자신이 저지른 일을 알

자신의 아버지를 죽이고 두 눈을 잃은 오이디푸스

게 되었다. 이오카스테 왕비는 자살하고 오이디푸스는 자신의 두 눈을 뽑아버렸다.

이상은 그리스 신화에 나오는 오이디푸스 이야기다. 프로이트는 이 이야기에서 '오이디푸스 콤플렉스'라는 개념을 만들어냈다. 오이디푸스 콤플렉스란 남자가 아버지를 증오하고 어머니에게는 성적 애착을 품는 것을 가리킨다. 프로이트는 유아기에 나타나는 오이디푸스 콤플렉스를 극복해야 성인의 정상적인 성애가 발전한다고 했다. 프로이트 이후 오이디푸스 콤플렉스에 관한 연구가 진행되면서 '콤플렉스'라는 말은 주요한 학문적 용어로 자리 잡았고, 오늘날에 이르러서는 일상 언어가 되었다.

콤플렉스가 지금과 같은 의미로 사용되기까지 프로이트의 제자 융(Carl Gustav Jung, 1875~1961)의 역할이 컸다. 프로이트는 히스테리를 일으키는 마음의 복합체를 콤플렉스라 부르고, 콤플렉스를 성적 충동과 연결 지었다. 반면에 융은 콤플렉스를 보편적인 개념으로 정립했다. 융은 모든 사람이 한두 가지씩 콤플렉스를 가지고 있다고 말한다. 융에게 콤플렉스는 복잡하게 얽혀 있는 속마음이다. 따라서 콤플렉스에는 열등감도 있고 우월감도 있다. 콤플렉스에 대한 이해의 차이는 융과 프로이트의 심리학이 갈라지는 지점이다. 융은 인간의 무의식을 성적 충동에만 연결시키는 프로이트에 반대하여 자기 나름의 분석심리학을 창시했다.

집단적 무의식은 가지고 태어난다

융은 스위스 캐스빌에서 태어났다. 집안에 성직자가 많았지만 십대 때 읽은 다양한 서적의 영향을 받아 의학을 공부하고 정신과 의사가 되었다. 1907년부터 1912년까지 융은 프로이트와 공동 연구를 했다. 이 과정에서 융은 프로이트와 의견이 갈라졌다. 그래서 프로이트와 결별하고 독자적인 심리학을 개척했다. 융은 히틀러의 집권을 매우 중요하게 생각하고 거침없이 자신의 의견을 피력하여 나치 지지자로 몰리기도 했다. 《심리학과 종교(Psychologie und Religion)》는 융이 1937년 예일 대학교에서 강연한 내용을 책으로 발간한 것이다.

융은 꿈의 해석을 중시한 점에서 프로이트와 다르지 않다. 또한 꿈을 통해 무의식의 세계가 드러난다고 주장한 점에서도 프로이트와 같다. 그러나 무의식의 세계가 성적 충동에 지배된다고 보았던 프로이트와 달리 융은 무의식의 세계가 모든 지각, 감각, 충동, 사고의 복합체라고 했다. 융은 그 복합체를 콤플렉스라고 했다. 지각, 감각, 충동, 사고는 누구나 가지고 있는 정신적 기능이다. 따라서 누구나 콤플렉스를 가지고 있다.

융은 프로이트와 헤어진 후에 자신의 독특한 경험을 연구했다. 융은 어린 시절부터 비정상적인 꿈을 많이 꾸고 여러 차례 환상적인 경험을 했다고 한다. 융은 자신의 기묘한 경험을 자세히 기록하면서 과학적으로 연구했다. 그 결과 이런 경험들이 정신의 영역에서 나온다는 결론에 도달했다. 융은 그 정신의 영역을 모든 사람들이 공통으로 가진 집단 무의식이라고 불렀다.

집단 무의식은 융의 분석심리학의 중심 개념이다. 융은 무의식을 개인적 무의식과 집단적 무의식으로 나누었다. 개인적 무의식이란 개개인의 마음속에 존재하는 무의식으로 개인에 따라 각기 다르다. 반면 집단적 무의식이란 개인적 무의식보다 더 깊은 영역에 존재하는 보편적인 무의식이다. 즉 집단, 민족, 인류의 마음에 보편적으로 존재하는 공통된 심리다. 따라서 집단적 무의식은 태어날 때부터 누구나 가지고 있는 선천적인 것이다. 집단적 무의식은 오랜 옛날부터 집단, 민족, 인류가 반복적인 경험을 통해 축적해온 것으로 신화적 체험의 토대이자 의식생활의 뿌리인 동시에 원천이다.

민족의식을 예로 들어보자. 민족의식은 타고나는 것일까, 아니면 성장하면서 가지게 되는 것일까? 융에 따르면 민족의식은 타고나는 집단적 무의식이다. 민족의식은 조상들의 경험과 의식이 응축한 것으로 마음속 심층에 자리 잡고 있다. 그래서 민족의식은 우리가 행동하거나 생각할 때 행동과 생각의 원천이 된다.

2002년 월드컵 당시 전 세계를 놀라게 했던 길거리 응원은 융의 시각에서 보면 집단적 무의식의 표출이다. 그 경우 집단적 무의식은 긍정적 의미를 가진다. 즉 집단적 무의식은 집단의 에너지를 승화하여 새로운 변화를 창조하는 원동력이 된다. 그러나 집단적 무의식의 표출은 부정적 의미도 갖는다. 그 대표적인 사례가 독일 히틀러 정권의 반유대주의다. 히틀러는 게르만 민족의 선민의식을 내세워서 유대인을 탄압했다. 그런 점에서 융의 집단적 무의식 이론은 나치의 반유대주의의 이론적 근거가 되었다는 비판을 받기도 했다.

새로운 신의 이미지가 필요하다

융은 성직자 가문에서 태어났기 때문에 어려서부터 종교적인 분위기에서 자라났다. 따라서 융이 자신이 연구한 심리학을 종교와 연결시키고자 한 것은 자연스러운 일이었다. 그래서 그는 《심리학과 종교》를 발표했다. 융은 이 책에서 자신의 집단적 무의식 이론을 통해 종교와 심리학의 관계를 해명하고자 했다. 그렇지만 융은 자신의 책이 종교가 아니라 심리학에 관한 것임을 분명하게 밝혔다.

> 종교 현상은 매우 중요한 심리학적 측면을 가지고 있는 만큼 나는 이 주제를 순전히 경험론적 관점에서 다룬다. …… 나는 의사이며 신경 질환 전문의다. 따라서 나의 출발점은 신앙 고백이 아니라 종교적 인간의 심리학이다. 즉 자신과 자신의 상태에 영향을 주는 요소들을 주의 깊게 살피는 인간들의 심리학이다.

융은 한 환자의 꿈을 해석했다. 그 환자는 뛰어난 지능을 가진 지식인이었는데 신경증으로 고생하고 있었다. 하루는 환자가 다음과 같은 꿈을 꾸었다. 꿈에서 환자는 극장 같은 곳에 갔다. 극장 벽에는 버나드의 쇼가 공연될 것이라는 포스터가 붙어 있고, 무대 벽에는 "이것은 가톨

릭교회다. 주님의 도구라고 느끼는 사람은 들어와도 좋다"라고 쓰여 있었다. 개신교 신자인 친구와 얘기를 하는데, 교회 벽에는 "주님은 언어를 통해서 도달할 수 없는 존재다"라는 교황 명의의 격문이 붙어 있었다. 교회에 들어가니 내부는 이슬람교의 교당과 비슷했다. 그때 어떤 여자가 나타나서 "이제 아무 방도가 없네요"라고 말하고는 사라졌다. 합창이 들리고 축제가 시작되었다. 대중가요가 흘러나오는 가운데 한 사제가 말했다. "부차적인 유흥이 공식적으로 인정됩니다. 우리는 금욕주의에 대해 분명한 반대 입장을 가지고 있습니다."

융은 이 꿈을 당대의 종교적 현실과 연관 지어 해석했다. 교회는 극장과 같은 곳이 되었다. 그곳에서 대중가요가 나오고 축제가 벌어진다. 사제는 금욕주의에 반대한다고 말한다. 가톨릭, 개신교, 이슬람교 등 모든 종교의 상황이 마찬가지다. 환자는 이런 종교적 현실에 동의하지 않는다. 그래서 꿈속에 한 여인이 나타나 "이제 아무 방도가 없네요"라고 외친 것이다. 환자는 지식인이지만 자신의 철학으로는 이런 상황을 이겨나갈 수 없다. 그래서 신경증이 생긴 것이다. 융은 이 환자의 고통이 당대 사람들이 겪는 일반적 현상이라고 보았다.

융은 종교가 인간의 집단적 무의식으로서 인간의 정신 건강에 매우 중요한 역할을 한다고 보았다. 그러나 종교가 세속화하면서 종교에서 제시하는 신의 이미지는 인간이 무의식에서 추구하는 신의 이미지와 맞지 않게 되었다. 융에 따르면 인간은 모든 분열적인 것을 통합시켜주는 신의 이미지를 요청한다. 그런데 교회는 이 요청에 맞는 신의 이미지를 제공하지 못하고 있다. 그래서 인간은 내적 분열과 고통을 겪고 있다. 융은 신의 이미지를 당대 사회에 맞게 변화시켜야 한다고 주장했다.

그래서 융은 연금술의 전통에 새로운 중요성을 부여했다. 융이 보기에 연금술은 단지 물질적인 금을 만들기 위한 노력이 아니라 인간 정신의 금을 만들기 위한 노력이었다. 즉 연금술은 종교의 위기에 맞서 새로운 신의 이미지를 만들려고 했던 운동이라는 것이다. 융이 연금술에 주목한 이유는 새로운 신의 이미지를 제시하여 종교적 믿음을 회복하면 인간이 겪는 심리적 고통이 치료될 것이라고 보았기 때문이다. 융의 이론은 종교심리학의 기초를 놓았고 정신 의학은 물론 종교와 문학 분야의 연구에도 영향을 미쳤다.

융은 인간이 집단적 무의식에 영향을 받는다고 했다. 또한 집단적 무의식 중에서 가장 영향력 있는 것이 종교라고 했다. 독일의 철학자 칸트는 인간의 도덕적 기초가 선한 의지라고 했다. 다음의 두 글을 읽고 인간 도덕의 근원에 대해 생각해보자.

◆ ◆ ◆

과학은 '무의식'이라는 용어를 사용한다. 따라서 과학은 무의식에 대해 아는 바가 없다는 것을 시인하는 것이다. 과학은 정신의 실체에 관해서 아무것도 모르고 다만 정신을 수단으로 사용해야 인식할 수 있을 뿐이다. 그러므로 우리는 마나, 데몬 또는 신이라는 명칭의 타당성을 반박할 수도 받아들일 수도 없다. 하지만 우리는 어떤 체험과 결부된 생소함을 분명히 느낀다. 우리는 미지의 것 또는 생소한 어떤 것이 우리에게 일어나고 있음을 안다. 우리는 그러한 것들이 꿈이나 어떤 착상으로 만드는 것이 아니라 저절로 생겨난다는 것을 알고 있다. 이렇듯 저절로 생겨나서 우리에게 밀려오는 것들을 마나, 데몬, 신 또는 무의식으로부터 나오는 작용이라고 말할 수 있다.

– 융, 《기억, 꿈, 사상(Memories, Dreams, Reflections)》 중에서

◆ ◆ ◆

이 세계 안에서 뿐만 아니라 세상 밖에서조차 선하다고 여길 수 있는 것은 오직 선한 의지뿐이라고 생각할 수밖에 없다. 우리가 조심스럽게 이름 붙일 수 있는 지성, 재치, 판단력 그리고 그 밖의 모든 마음의 재능 혹은 용기와 결심, 목적한 것에 대한 끈기 같은 우리 성향의 성질들은 여러 면에서 의심할 바 없이 선하고 바람직한 것이다. 그러나 이런 자연의 선물들을 사용해야 하는, 그리고 이런 이유로 그 특성에 성격이라는 용어를 붙이게 하는 그 의지가 선하지 않을 때 그런 재능들과 성질들은 악하거나 해로울 수 있다. …… 앞에서 말한 몇 가지 성질들은 이 선한 의지 자체에 도움이 되기도 하고 선한 의지가 하는 일이 아주 수월하도록 도울 수도 있다. 그럼에도 그러한 성질들이 무조건적인 내적 가치를 갖는 것은 결코 아니며 항상 선한 의지를 전제한다. 이 선한 의지는 그런 성질들이 정당하게 갖는 존경마저도 제한하며 그런 성질들을 절대적으로 선하다고 여기는 것을 허용하지 않는다.

– 칸트, 《도덕형이상학의 기초》 중에서

24

미술 작품의 본질적 의미를 파악하라

파노프스키 《시각예술에서의 의미》

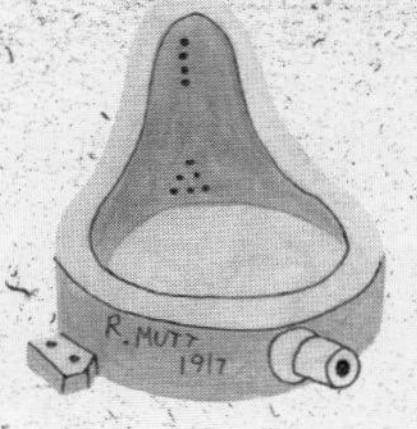

서울대 사상고전 100선에 선정된 핵심 포인트

'인문학으로서의 미술사'라는 첫 번째 장의 제목이 알려주듯 미술사를 인간과 역사의 탐구라는 보다 넓은 지평에 자리 잡게 함으로써 현대 미술사학의 고전적 위치에 오른 저술이다. 미술 작품이 보여주는 도상을 기술하는 도상학과 그것을 전체 정신사의 맥락에서 해석하여 당시대 인간의 삶을 재구성하는 도상해석학의 방법을 통해 미술사를 미술 형식의 연구를 넘어 당시대의 인간과 정신적 삶의 연구로 한 단계 높였다는 평가를 받고 있다.

– 김남두 서울대학교 석좌교수

아이콘 해석가

미술관에 전시된 레오나르도 다빈치의 〈최후의 만찬〉을 보기 위해 많은 사람들이 모여 있다. 레오나르도 다빈치의 진품을 보는 것만으로도 감탄하는 사람이 있는가 하면 미술 숙제라서 마지못해 그림을 보는 학생도 있을 것이다. 그림에 대해 안다며 원근법 운운하는 사람이 있는가 하면, 미국 소설가 댄 브라운의 《다빈치 코드》를 인용하며 "저 사람이 예수님의 애인이야"라고 소곤대는 사람도 있을 것이다. 만약 원시부족 주민이 그 그림을 봤다면? 아마도 그 부족민은 신나게 먹는 그림이라고 생각할 것이다.

그런데 그 자리에 모인 사람들에게 〈최후의 만찬〉의 주제를 묻는다면? 대답할 수 있는 사람이 많지 않을 것이다. 성서를 공부한 사람이 있다면 〈요한복음〉 13장 21절 이하의 내용을 그린 그림이라고 대답할지도 모른다. 그러나 그 그림은 성서의 내용과 딱 들어맞지 않는다. 더욱이 〈최후의 만찬〉은 성서의 내용을 재현했기 때문에 칭송을 받는 것도 아니다.

파노프스키(Erwin Panofsky, 1892~1968)는 어떤 그림의 주제 혹은 의미를 알려면 인문학적 소양이 있어야 한다고 말한다. 특히 〈최후의 만찬〉처럼 '역사적 사건'이라 불릴 만한 주제를 다룬 그림에는 철학, 역사학,

레오나르도 다빈치가 그린 〈최후의 만찬〉

문학, 미학, 고고학, 문화학 등 다방면의 인문학적 내용이 포함되어 있다고 한다. 파노프스키는 선, 면, 원근법 등과 같은 형식이 아니라 그 작품이 표현하고자 하는 주제, 즉 인문학적 내용을 보라고 말한다.

파노프스키는 독일 하노버에서 태어났다. 프라이부르크 대학교에서 법학을 공부하다가 중세 역사 연구자인 빌헬름 푀게(Wilhelm Vöge)의 강의를 듣고 전공을 미술사학으로 바꿨다. 1921년부터 1933년까지 함부르크 대학교에서 강의하다 나치 정권의 탄압을 피해 미국으로 망명했다. 파노프스키는 미술사학을 뿌리내린 사람으로 평가받는다. 또한 도상해석학(iconology)을 제창한 것으로 유명하다. 도상해석학이란 '아이콘(icon)'과 '로지(logy)'를 합성한 개념이다. 아이콘이란 그리스어로 그림을 뜻하는 '에이콘(eikon)'에서 유래했다. 로지는 이성을 뜻하는 그리스어 '로고스(logos)'에서 나온 말로 해석이라는 의미를 지닌다. 그러므로 도상해석학이란 미술 작품을 해석하는 학문을 말한다.

파노프스키는 1955년에 대표작 《시각예술에서의 의미(Meaning in the Visual Arts)》를 발간했다. 이 책은 한 권의 단행본으로 출간하기 위해 쓰인 것이 아니다. 1921년부터 1953년까지 발표한 주요 논문 열 편을 개정하여 모은 책이다. 따라서 이 책에는 파노프스키의 30년 연구 성과가 담겨 있다. 파노프스키는 이 책의 발간 목적을 "일관성보다는 다양성"이라고 했다. 실제로 이 책에서 문화학, 미학, 고고학, 문학 등에 관한 파노프스키의 해박한 식견을 엿볼 수 있다.

도자기는 술병이다

그러면 파노프스키가 주장하는 미술사학은 무엇인가? 우리는 다양한 종류의 미술사 서적을 접할 수 있다. 그런데 대개 미술사 서적은 '전공서적'으로 분류되고 미술을 공부한 사람이 아니면 읽기가 쉽지 않다. 미술사 서적에서 소개하는 바로크 양식과 로코코 양식을 예로 들어보자. "바로크 양식은 조화와 균형을 중시하는 르네상스 양식의 형식과 질서를 유지하면서 벽 외면에 다양한 기교를 부린 장식을 붙인 화려한 예술 양식이다"라고 설명하며 대표적인 건축물 사진을 보여준다. 그리고 로

코코 양식에 대해서는 "바로크 양식보다 우아하고 경쾌하며 아라베스크 양식과의 결합 등으로 이국적 풍취가 두드러졌다"며 대표적인 건축물 사진을 보여준다. 웬만한 미술 건축적 지식이 없으면 설명을 이해할 수 없고 두 양식의 건축물 사진을 비교해보아도 그 차이를 뚜렷하게 알 수 없다.

파노프스키는 형식과 양식 중심의 미술사를 거부하고 인문학으로서 미술사학을 하자고 주장한다. 제목에 미술이라는 단어 대신 '시각예술'이라는 단어를 사용한 것에서 알 수 있듯이 파노프스키는 미술 작품의 정의를 넓힌다. 미술 작품에 대한 파노프스키의 설명을 들어보자.

> 미술 작품이 언제나 즐거움을 목적으로 또는 학문적으로 표현하면 미적인 경험을 목적으로 창작되는 것은 아니다. "예술의 목적은 쾌락이다"라는 푸생의 말은 가히 혁명적이다. 왜냐하면 초기의 문필가들은 예술이 즐거움을 주기는 하지만 유용한 쓰임새도 있다고 항상 주장했기 때문이다. 그러나 미술 작품에는 언제나 미적 의미가 담겨 있다. 미술 작품은 실제적인 목적에 기여하든 그러지 않든, 또한 그 미술 작품이 좋은 것이든 나쁜 것이든 미적으로 체험될 것을 요구받는다.

그래서 파노프스키는 미술 작품을 '미적으로 경험될 것을 요구받는 인조물'이라고 정의한다. 인조물에는 눈에 보이는 모든 것이 포함된다. 편지를 예로 들어보자. 편지는 의사 전달이라는 실용적 목적을 위한 것이지만 형식만 조금 갖추면 서예 작품이 될 수도 있고 문학 작품이 될 수도 있다. 어디까지가 실용 영역이고 어디부터 예술 영역일까? 오늘날 국보로 대접받으며 미술관에 전시되어 있는 도자기는 실용적 목적의 술병이었다. 프랑스 화가 마르셀 뒤샹(Marcel Duchamp)은 변기를 가져다놓고 〈샘〉이란 미술 작품이라며 전시했다. 파노프스키는 실용 영역이 어디에서 끝나고 예술 영역이 어디서부터 시작되는지는 오직 창작자의 '지향', 즉 의도에 달려 있다고 말한다.

파노프스키는 창작자들의 '지향'이 시대와 환경의 기준에 제약을 받는다고 말한다. 그러므로 미술 작품을 이해하려면 창작자가 살았던 시대의 정치, 경제, 사회, 문화 등 전 분야를 알아야 한다. 한 시대에 대한 조사와 연구는 역사학, 문학, 고고학 등 인문학에 의해 이루어진다. 파노프스키는 인문학의 성과를 가져다 창작자의 지향을 연구하는 것에 만족하지 않는다. 오히려 파노프스키는 미술사학이 인문학적 조사와 연구를 해야 한다고 주장한다. 그러므로 파노프스키에게 미술사학은 인문학이다. 물론 미술사학의 연구 대상은 다른 인문학의 연구 대상과 다르다. 파노프스키는 1471년의 제단화를 예로 든다. 제단화와 함께 그 그림을 거래한 계약서가 발견되었다. 미술사학의 입장에서는 제단화가 연구의 대상, 즉 1차 자료이고 계약서는 연구의 수단, 즉 2차 자료다. 그러나 고문헌학이나 법률사학에서는 계약서가 1차 자료, 그림이 2차 자료가 된다.

미술사가는 감정사가 아니다

파노프스키는 도상해석학을 주장한다. 그러면 도상해석학이란 무엇인가? 우리가 외국에 갔는데 공항에 그 나라 사람이 마중을 나왔다고 생각해보자. 그 사람은 우리를 보고 손을 흔들었다. 그 동작은 우리에게 무엇인가 의미를 전달하기 위한 형식이다. 우리는 그 동작에서 그가 우리를 반갑게 맞이하고 있음을 금방 알아챘다. 손을 흔드는 동작이 반가움의 표시라는 것을 경험적으로 알고 있기 때문이다. 이렇듯 형식에서 직접 알 수 있는 의미를 파노프스키는 1차적 의미 혹은 자연적 의미라고 부른다. 그리고 1차적 의미를 해석하는 일을 전(前)-도상학 기술(記述)이라고 불렀다. 미술 작품에 대한 전-도상학 기술은 미술 양식의 역사에 드러난다.

그런데 우리는 손을 흔드는 동작이 인사인지 아닌지 알 수 없다. 우리의 인사법은 머리를 숙이는 것이므로 손을 흔드는 동작을 인사라고 할 수 없다. 그런데 알고 보니 손을 흔드는 것이 그 나라의 인사법이었다. 즉 손을 흔드는 동작의 또 다른 의미는 인사였다. 그 의미는 그 나라의 관습을 알고 있는 사람만이 알 수 있다. 따라서 직접적, 경험적으로 알 수 없는 의미다. 이런 의미를 가리켜 파노프스키는 2차적 의미 혹은 관습적 의미라고 불렀다. 2차적 의미를 알려면 그 나라의 관습과 문화적 전통을 알아야 한다. 그러므로 2차적 의미를 알아내는 일은 경험의 영역이 아니라 이성의 영역이다. 하다못해 관광 안내 책자라도 한 권 읽어 보아야 한다. 파노프스키는 2차적 의미를 알아내는 것을 도상학적 분석이라고 불렀다. 미술 작품에 대한 도상학적 분석은 관련된 문헌 자료의 조사와 연구로 이루어진다.

마지막으로 마중 나온 사람은 손을 흔드는 동작으로 자신의 개성을 드러낸다. 그 동작에는 그 사람의 나이, 직업, 교육 정도 등이 담겨 있다. 우리가 그 동작에서 그 사람의 개성까지 읽어내려면 상당한 지식이 있어야 한다. 그 나라의 사회문화적 배경부터 지적 전통까지 전반적인 정보를 알고 해석해야 한다. 파노프스키는 해석을 통해 알 수 있는 의미를 본질적 의미라고 불렀다. 이 본질적 의미를 발견해내는 학문이 도상해석학이다. 파노프스키는 레오나르도 다빈치의 〈최후의 만찬〉을 예로 들어 도상해석학의 목적을 설명했다.

레오나르도 다빈치가 만찬 식탁에 열세 명의 사람들을 배치하고 그 모습이 '최후의 만찬'을 나타낸다고 언급한 것에 우리의 생각을 한정하면 우리는 그 생각에 따라 그 작품을 다루고 구도를 해석하게 된다. 그러나 우리가 그 작품을 레오나르도 다빈치의 개성 또는 이탈리아 르네상스 전성기의 기록으로 이해한다면 그 작품을 무수히 많은 다양한 징후를 드러낸 작품으로 다루고 그 작품의 구도 속에서 그 '어떤 것'에 대한 상징을 찾아내 해석하게 된다. 이런 징후와 상징의 발견과 해석이 도상해석학의 목적이다.

당연히 도상해석을 위해 광범위한 인문학적 조사와 연구가 필요하다. 그러므로 미술사가는 미술 작품의 감정사가 아니라 인문학자다.

파노프스키는 미술 작품을 이해하려면 작가의 의도를 알아야 하고, 작가의 의도를 알려면 그 작가를 둘러싼 인문학적 배경을 알아야 한다고 했다. 즉 미술 작품은 작가의 의도가 재현된 것이라는 입장이다. 독일 철학자 하이데거(Martin Heidegger)는 미술 작품이 '다른 어떤 것을 말하고자 하는 것'이라면서 고흐가 그린 〈구두〉에 드러난 사실을 분석했다. 다음의 두 글을 읽고 미술 작품을 어떻게 감상해야 하는지에 대해 생각해보자.

◆ ◆ ◆

레오나르도 다빈치가 만찬 식탁에 열세 명의 사람들을 배치하고 그 모습이 '최후의 만찬'을 나타낸다고 언급한 것에 우리의 생각을 한정하면 우리는 그 생각에 따라 그 작품을 다루고 구도를 해석하게 된다. 그러나 우리가 그 작품을 레오나르도 다빈치의 개성 또는 이탈리아 르네상스 전성기의 기록으로 이해한다면 그 작품을 무수히 많은 다양한 징후를 드러낸 작품으로 다루고 그 작품의 구도 속에서 그 '어떤 것'에 대한 상징을 찾아내 해석하게 된다.

– 파노프스키, 《시각예술에서의 의미》 중에서

◆ ◆ ◆

◆ ◆ ◆

예술 작품은 제작된 사물이다. 그러나 예술 작품은 단순한 사물 자체와 달리 '다른 어떤 것을 말하고 있다'. 작품은 다른 것을 공개적으로 알려주고 다른 것을 열어서 보여준다. 작품은 알레고리(비유)다. 예술 작품 가운데는 제작된 사물에 다른 어떤 것이 결합되어 있다. '결합한다'는 말은 그리스어로는 '심발레인(symballein)'이라고 한다. 작품은 심볼(symbol, 상징)이다. …… (고흐의 그림 〈구두〉에서) 구두라는 도구의 밖으로 드러난 내부의 어두운 틈에서 들일을 하러 나선 이의 고통을 응시할 수 있다. 구두라는 도구의 실팍한 무게에는 거친 바람이 부는 밭고랑을 천천히 걷는 강인함이 쌓여 있고 구두 가죽 위에는 대지의 습기와 풍요함이 깃들어 있다. 구두창 아래에는 해 저물녘 들길의 고독이 깃들어 있다. 이 구두라는 도구에는 대지의 소리 없는 부름, 대지의 조용한 선물인 다 익은 곡식의 부름, 황량한 겨울 들판 가운데서 일렁이는 까닭 모를 대지의 거절이 드러나 있다. 이 구두라는 도구에 스며들어 있는 것은 빵을 확보하기 위한 불평 없는 근심, 고난을 극복한 뒤에 얻는 말 없는 기쁨, 아기의 출산이 임박한 상황에서와 같은 전전긍긍 그리고 죽음의 위협 앞에서 느끼는 전율이다. 이 구두라는 도구는 땅에 속해 있으며 촌 아낙네의 세계에 보존되어 있다. 이 보존된 귀속에서 도구 자체의 자기 안식이 생긴다.

– 하이데거, 《예술 작품의 근원(Der Ursprung des Kunstwerkes)》 중에서

◆ ◆ ◆

25

노동계급은 스스로를 만든다

톰슨 《영국 노동계급의 형성》

서울대 사상고전 100선에 선정된 핵심 포인트

노동계급을 자본주의 생산관계의 자동적인 산물로 보는 '천박한 마르크스주의'나 자본주의체제의 한 구성 요소로 보는 기능주의적 접근을 비판하고 계급의 형성을 구조와 주체 간의 상호작용에 의해 이루어지는 것으로 본다. 1780년과 1832년 사이에 영국 노동계급의 형성 과정을 노동자들의 전체적 경험을 통해 추적한다. 민중의 주체적이고 능동적인 삶을 드러낸 대표적인 '아래로부터의 역사'다.

– 최갑수 서울대학교 서양사학과 교수

행동하는 지식인

저서의 내용만큼 삶 자체도 중요한 저자들이 많다. 톰슨(Edward Thompson, 1924~1993)도 그런 사람이다. 톰슨은 자신의 신념에 따라 삶을 살았고 글을 썼다. 톰슨은 진정으로 '행동하는 지식인'의 전형이었다.

톰슨은 영국에서 태어났다. 톰슨이 태어나고 얼마 지나지 않아 미국에서 시작된 대공황이 유럽 전역을 휩쓸었고 독일과 이탈리아에서 독재 정권이 출현했다. 케임브리지의 코퍼스크리스티 칼리지에서 문학과 역사를 공부하던 톰슨은 제2차 세계대전이 일어나자 입대했다. 전쟁이 끝난 후 톰슨은 케임브리지로 돌아가 학업을 마치고 자원봉사자로 유고슬라비아의 철도 건설에 참여했다. 그곳에서 톰슨은 인민 전선 운동에 동조했지만 강경파 공산주의자들과 의견이 대립했다. 유고에서의 경험은 톰슨이 사회운동을 하고 역사를 서술하는 데 중요한 자산이 되었다. 다시 영국으로 돌아온 톰슨은 요크셔의 리즈 대학교에서 성인교육 프로그램의 강사직을 맡아 10년간 노동자 교육 운동을 했다.

톰슨은 대학에서 역사 공부를 하던 시절부터 영국 공산당의 역사가 모임에 참여했다. 이 모임에는 모리스 돕, 에릭 홉스봄, 로드니 힐튼, 크리스토퍼 힐 등 젊은 역사가들이 참여했다. 이 모임에 참여한 역사학자들은 훗날 영국의 진보적 역사학계를 주도했다. 1956년 헝가리 사태가 일어나자 톰슨은 영국 공산당을 탈당했다. 영국 공산당이 헝가리 국민의 민주화 운동을 탄압한 헝가리 정부를 지지했기 때문이다.

영국 공산당을 탈당한 톰슨은 1960년에 〈뉴레프트 리뷰(New Left Review)〉를 창간했다. '비타협적 현실주의'를 내건 〈뉴레프트 리뷰〉는 오늘날까지도 유럽의 진보적 지식인에게 영향을 미치고 있는 잡지다. 〈뉴레프트 리뷰〉는 자본주의의 문제점을 비판하고 노동자 운동을 비롯한 유럽의 다양한 시민사회 운동을 지지했다. 또한 진보적 운동의 새로운 노선을 소개하여 진보적 지식인의 각성에 크게 기여했다.

1950년대 영국에서는 진보적 지식인에 대한 감시와 억압이 심했다. 진보적 지식인을 대상으로 블랙리스트가 작성되고 이 리스트에 오른 사람들은 취업조차 할 수 없었다. 이 시기에 톰슨은 노동자 교육 운동을 하며 노동계급의 역사를 연구했다. 그 성과를 모아 1963년에 발간한 책이 《영국 노동계급의 형성(The Making of the English Working Class)》이다.

1970년대 톰슨은 유럽 반핵 운동의 지도자로 활동했다. 당대에 반핵 운동은 선구적인 것이었다. 당시 냉전이 격화되면서 핵무기를 사용한 전쟁의 가능성도 높아지고 있었다. 톰슨은 핵무기의 위험성을 알리고 핵무기의 완전한 폐기를 위한 운동을 제창했다. 톰슨은 죽는 날까지 민주주의와 사회진보 그리고 평화를 위한 투쟁을 멈추지 않았다.

역사의
패배자들에 대한 찬가

《영국 노동계급의 형성》의 내용을 이해하려면 '계급'이란 말을 알아야 한다. 계급의 사전적 의미는 '일정한 사회에서 신분, 재산, 직업 따위가 비슷한 사람들로 형성되는 집단 또는 그렇게 나뉜 사회적 지위'다. 그러나 톰슨은 계급 개념을 정태적인 것으로 보지 않는다. 톰슨은 계급의식에 대해 "그들 사이의 이해관계가 동일하고 다른 계급들의 이해관계에 대한 그들의 이해관계가 동일하다는 의식"이라고 말한다. 톰슨은 계급을 의식을 가진 집단으로 본다. 그래서 톰슨은 계급을 스스로 형성해가는 것이라고 했다. 《영국 노동계급의 형성》은 노동계급이 영국에서 언제 형성되었는지를 밝히고자 했다. 톰슨은 이 책에서 다른 역사가와 다른 독특한 시각을 보여준다. 톰슨은 《영국 노동계급의 형성》을 쓴 목적에 대해 이렇게 말한다.

> 나는 가난한 양말 제조공, 러다이트 운동에 가담한 재단공, 시대에 뒤떨어진 수직공, '유토피아적'인 장인 등을 후손들의 지나친 멸시에서 구해내려고 한다. …… 그들의 소망은 그들 자신의 경험에서 볼 때 타당한 것이었다. 그들은 그들이 살았을 때 선고받았던 것처럼 지금도 여전히 희생자로 남아 있다.

대부분의 역사가들은 노동계급의 역사를 공장에서 일하는 사람들의 역사로 그려낸다. 그러나 톰슨은 노동계급 형성에서 몰락하는 수공 노동자의 역할에 주목한다. 기계 파괴 운동인 러다이트 운동에 대해 대부분의 역사가들은 시대 역행적인 운동으로 평가한다. 그러나 톰슨은 러다이트 운동이 노동계급 형성에 큰 영향을 미쳤다고 생각한다.

톰슨은 1790년대에 생겨난 '런던교신협회'로부터 시작했다. 런던교신협회는 공장 노동자가 아니라 장인들을 회원으로 하는 단체였다. 런던교신협회의 목적은 보통선거권 운동이었다. 협회는 가입하려는 사람들에게 이런 질문을 했다. "당신은 이성을 가지고 있고 범죄로 자격을 상실하지 않은 모든 성인이 의원 선출을 위한 투표권을 가져야 한다고 굳게 믿습니까?"

1794년 5월 영국 정부는 런던교신협회에 대해 전격적인 탄압을 했다. 협회를 주도한 사람들은 체포되어 뉴게이트 감옥에 수감되고 반역죄로 재판에 회부되었다. 보통선거권 운동은 17세기 영국 혁명기에 이미 제기된 것으로 런던교신협회의 주장은 새로운 것이 아니었다. 그런데도 정부가 탄압한 이유가 무엇일까? 톰슨은 정부가 프랑스 혁명에 대해 불안해하며 수공장인들 사이에 불온한 분위기가 조성되고 있다고 보았기 때문이라고 주장했다.

그러나 정부의 탄압에도 런던교신협회를 비롯한 수공장인들의 단체들은 활동을 계속했다. 톰슨은 이들 단체들이 꺾이지 않고 활동한 이유를 반(反)국교도 전통, 민중 항의의 전통, 오랜 투쟁을 통해 획득한 자유의 전통에서 찾았다. 그리고 톰슨은 토머스 페인(Thomas Paine)이 지은 《인간의 권리(Rights of Man)》가 수공장인들의 이데올로기로 자리 잡았다고 보았다. 민중을 위한 대의제 정부의 가능성을 주장한 이 책은 1792년에 출판되어 불과 2년 만에 20만 부 이상이 팔렸다.

러다이트 운동은 분수령이다

톰슨은 영국에서 산업화가 진행되면서 수공장인의 전통이 직조공들로 이어졌다고 보았다. 직조공들은 모임에서 지방 뉴스와 가십거리를 소재로 잡담을 나누기도 하고 일상적인 것을 두고 무엇이 옳은지 논쟁을 하기도 했다. 독학으로 교양을 쌓고 생물학과 수학, 음악과 지질학에 관한 소양을 기르기도 했다. 또한 직조공들은 기하학을 가르치고 미적분학을 토론하기도 했다. 직조공들의 의식과 교양은 이후 러다이트 운동, 차티스트 운동으로 이어졌다.

1803년 2월 데스파드 육군 대령과 그 동료 여섯 명이 반란죄로 사형당하는 일이 발생했다. 이를 계기로 정부는 반정부적 단체에 대한 대대적인 탄압에 들어갔다. 톰슨은 이들 반정부적 단체들이 산발적으로 집단 항의를 하다가 러다이트 운동으로 폭발했다고 보았다. 톰슨이 보기에 러다이트 운동을 주도한 조직에는 두 가지 형태의 집단적 항의가 공존했다. 하나는 평화적으로 의회 개혁 운동을 추진하는 것이고, 다른 하나는 폭동을 추진하는 것이었다. 톰슨은 1811년 3월부터 그다음 해 2월까지 계속된 노팅엄 편물공들의 러다이트 운동을 분석하면서 자신의 주장을 뒷받침했다.

편물공들은 처음에 양말 제조업자들의 사취와 협박을 근절하는 법안을 만들기 위한 청원운동을 했다. 그러나 법 제정의 전망이 불투명해지자 기계 파괴 운동으로 전환했다. '네드 러드(Ned Ludd)'의 명의로 기계 파괴를 요구하는 협박장이 공장주에게 날아갔다. 공장주가 조치를 취하지 않으면 예고된 날에 공장을 습격하여 기계를 파괴했다. 협박장의 명의가 네드 러드였기 때문에 기계 파괴 운동은 러다이트(Luddite) 운동이라 불렸다. 러다이트 운동은 노팅엄과 그 인근 지역으로 삽시간에 번져갔다. 요크셔의 재단공, 랭커셔의 방적공들도 러다이트 운동에 가담했다. 노팅엄에서만 한 해에 1000대가 넘는 기계가 파괴되었다. 의회는 서둘러 기계 파괴자에게 사형을 선고할 수 있는 법을 통과시켰다. 수많은 러다이트 운동의 지도자들이 형장의 이슬로 사라지고 운동은 실패로 끝났다.

그러면 러다이트 운동은 시대 역행적인 면만 있는가? 톰슨은 시대 역행적인 면뿐만 아니라 미래 지향적인 면도 있다고 했다. 즉 러다이트 운동이 "온정주의적 공동체에서 민주적 공동체로 이행"하는 면모를 보여주었다는 것이다. 톰슨은 러다이트 운동을 다음과 같이 평가했다.

> 우리는 이 시기를 하나의 분수령으로 보아야 한다. 그 물줄기 중에 하나는 튜더 시대로 거슬러 올라가고, 다른 하나는 이후 100년 동안 공장법 제정을 향해 흘러갔다. 러다이트 운동은 최후의 길드 조합원의 면모를 가짐과 동시에 열 시간 노동시간 운동에 이르는 운동을 시작한 사람들의 면모를 가지고 있었다. 이 두 방향 모두에는 자유방임의 정치경제와 도덕에 대항하는 대안적 정치경제와 도덕이 있었다. 산업혁명이 진행된 수십 년 동안 노동자들은 역사상 가장 비인간적이고 가장 비열한 도그마, 즉 무책임하고 무제한적인 경쟁이라는 도그마의 공격을 받았다. 수세대에 걸쳐 선대제 노동자들은 그런 공격을 받고 죽어갔다.

톰슨의 이런 평가에는 이윤추구가 인간적인 요구에 종속되어야 한다는 메시지가 담겨 있다. 러다이트 운동 이후 1820년대에 결사를 금지한 법안이 폐지되면서 무수히 많은 단체, 노동조합이 공개적으로 활동하기 시작했다. 그리하여 노동계급이 형성되었다. 톰슨은 이렇게 결론짓는다. "1790년에는 노동자가 존재했고 1832년에는 노동자계급이 존재했다."

톰슨은 영국에서 노동계급이 형성되는 과정에 러다이트 운동이 큰 영향을 미쳤다고 주장했다. 반면 미국의 경제학자 맨큐(N. Gregory Mankiw)는 러다이트 운동이 기술 진보를 늦추고 비용을 높였을 뿐이라고 했다. 다음의 두 글을 읽고 러다이트 운동에 대해 두 사람이 평가를 달리하는 이유를 생각해보자.

◆ ◆ ◆

우리는 이 시기를 하나의 분수령으로 보아야 한다. 그 물줄기 중에 하나는 튜터 시대로 거슬러 올라가고, 다른 하나는 이후 100년 동안 공장법 제정을 향해 흘러갔다. 러다이트 운동은 최후의 길드 조합원의 면모를 가짐과 동시에 열 시간 노동시간 운동에 이르는 운동을 시작한 사람들의 면모를 가지고 있었다. 이 두 방향 모두에는 자유방임의 정치경제와 도덕에 대항하는 대안적 정치경제와 도덕이 있었다. 산업혁명이 진행된 수십 년 동안 노동자들은 역사상 가장 비인간적이고 가장 비열한 도그마, 즉 무책임하고 무제한적인 경쟁이라는 도그마의 공격을 받았다. 수세대에 걸쳐 선대제 노동자들은 그런 공격을 받고 죽어갔다.

– 톰슨, 《영국 노동계급의 형성》 중에서

◆ ◆ ◆

◆ ◆ ◆

조지프 슘페터(Joseph Schumpeter)는 1942년 자신의 저서 《자본주의, 사회주의, 민주주의》에서 경제적 진보는 '창조적 파괴' 과정을 통해 달성된다고 했다. 슘페터에 따르면 발전의 추진력은 새로운 제품, 기존 제품을 생산하는 새로운 방법 또는 다른 혁신을 도입하려는 기업가로부터 나온다고 한다. 그러한 기업이 시장에 진입할 경우 혁신에 따른 어느 정도의 독점력을 갖게 되어 다음 세대의 혁신을 달성할 수 있는 다른 기업가가 해당 제품을 대체할 때까지 높은 이윤을 얻을 수 있다. 역사적으로 보면 기술 진보를 통해 승자와 패자가 나온다는 슘페터의 주장을 확인할 수 있다. 예를 들어 영국에서 19세기 초의 중요한 혁신은 낮은 비용으로 미숙련 노동자를 이용해 섬유 제품을 생산하는 기계를 발명하고 이를 확산시키는 것이었다. 보다 저렴하게 의류를 구입하게 된 소비자에게 기술 진보는 바람직한 것이었다. 하지만 영국 섬유업종의 숙련 노동자들은 새로운 기술로 인해 일자리를 위협받게 되었으며, 폭력 시위를 통해 이에 대응했다. 기계 파괴 운동가들이라는 의미의 '러다이트'라고 불리는 폭력 시위 노동자들은 양털공장과 면화공장에서 사용하는 베틀 기를 부수고 공장 소유주의 집에 방화를 했다. 오늘날 '러다이트'라는 용어는 기술 진보에 반대하는 사람이란 뜻으로 사용된다. 최초의 러다이트들은 정부가 새로운 섬유 기술의 확산을 억제하여 자신들의 일자리를 보호해주길 원했다. …… 하지만 이렇게 진입을 제한할 경우 기술 진보 속도를 늦추게 하는 비용이 수반된다.

–맨큐, 《거시경제학(Macroeconomics)》 중에서

◆ ◆ ◆

부록

황광우가 추천하는 동서양 고전 70선

1 《갈리아 원정기》, 카이사르 지음, 천병희 옮김, 숲.

2 《걸리버 여행기》, 스위프트 지음, 박용수 옮김, 문예출판사.

3 《경성 트로이카》, 안재성 지음, 사회평론.

4 《국가》, 플라톤 지음, 천병희 옮김, 숲.

5 《국부론》, 스미스 지음, 김수행 옮김, 비봉출판사.

6 《군주론》, 마키아벨리 지음, 권기돈 옮김, 웅진씽크빅.

7 《그래도 지구는 돈다》, 갈릴레이 지음, 이무현 옮김, 교우사.

8 《그리스 로마 신화》, 불핀치 지음, 손명현 옮김, 동서문화사.

9 《그리스 비극 걸작선》, 소포클레스 외 지음, 천병희 옮김, 숲.

10 《난중일기》, 이순신 지음, 송찬섭 옮김, 서해문집.

11 《노년에 관하여, 우정에 관하여》, 키케로 지음, 천병희 옮김, 숲.

12 《논어집주》, 성백효 지음, 전통문화연구회.

13 《니코마코스 윤리학》, 아리스토텔레스 지음, 천병희 옮김, 숲.
14 《도덕경》, 오강남 지음, 현암사.
15 《돈키호테》, 세르반테스 지음, 박철 옮김, 시공사.
16 《동방견문록》, 폴로 지음, 김호동 외 옮김, 사계절.
17 《두보 평전》, 한성무 지음, 김의정 옮김, 호미.
18 《레미제라블》, 위고 지음, 이형식 옮김, 펭귄클래식코리아.
19 《레즈:새롭게 읽는 공산당선언》, 황광우 · 장석준 지음, 실천문학사.
20 《로마제국 쇠망사》, 기번 지음, 김희용 외 옮김. 민음사.
21 《로빈슨 크루소》, 디포 지음, 남명성 옮김, 웅진씽크빅.
22 《맹자집주》, 성백효 지음, 전통문화연구회.
23 《반야심경/금강경/유마경/법화경》, 홍정식 지음, 동서문화사.
24 《부활》, 톨스토이 지음, 박형규 옮김, 민음사.
25 《불교성전》, 편집부 지음, 홍신문화사.
26 《비극의 탄생》, 니체 지음, 박찬국 옮김, 아카넷.
27 《사기열전》, 사마천 지음, 연변대학 고적연구소 옮김, 서해문집.
28 《사회정의론》, 롤스 지음, 황경식 옮김, 서광사.
29 《삼국사기》, 김부식 지음, 신호열 옮김, 동서문화사.
30 《삼국유사》, 일연 지음, 김원중 옮김, 민음사.
31 《상대성이론의 아름다움》, 가츠히코 지음, 봉영아 옮김, 비타민북.
32 《성경(Good News Bible)》, Good News Translation.
33 《성찰》, 데카르트 지음, 이현복 옮김, 문예출판사.
34 《소유냐 삶이냐》, 프롬 지음, 정성환 옮김, 홍신문화사.
35 《소크라테스의 변론, 크리톤, 파이돈, 향연》, 플라톤 지음, 천병희 옮김, 숲.
36 《시경선》, 김학주 지음, 명문당.

37 《신곡》, 단테 지음, 한형곤 옮김, 서해문집.
38 《아리랑》, 웨일즈 지음, 송영인 옮김, 동녘.
39 《양자론이 뭐야》, 가츠히코 지음, 김선규 감수, 비타민북.
40 《역사》, 헤로도토스 지음, 천병희 옮김, 숲.
41 《역사란 무엇인가》, 카 지음, 김택현 옮김, 까치.
42 《역사철학강의》, 헤겔 지음, 권기철 옮김, 동서문화사.
43 《열하일기》, 박지원 지음, 리상호 옮김, 보리.
44 《오뒷세이아》, 호메로스 지음, 천병희 옮김, 숲.
45 《원효》, 남동신 지음, 새누리.
46 《월든 숲 속에서의 생활》, 소로 지음, 편집부 옮김, 넥서스.
47 《유배지에서 보낸 편지》, 정약용 지음, 박석무 옮김, 창비.
48 《유토피아》, 모어 지음, 나종일 옮김, 서해문집.
49 《이성의 운명에 대한 고백》, 칸트 지음, 김상현 옮김, 아이세움.
50 《인간 불평등 기원론》, 루소 지음, 주경복 옮김, 책세상.
51 《일리아스》, 호메로스 지음, 천병희 옮김, 숲.
52 《임꺽정》, 홍명희 지음, 사계절.
53 《자본론》, 마르크스 지음, 김수행 옮김, 비봉출판사.
54 《장자》, 안동림 지음, 현암사.
55 《전태일 평전》, 조영래 지음, 돌베개.
56 《정치학》, 아리스토텔레스 지음, 천병희 옮김, 숲.
57 《조선과 그 이웃나라들》, 비숍 지음, 신복룡 옮김, 집문당.
58 《조선상고사》, 신채호 지음, 박기봉 옮김, 비봉출판사.
59 《종의 기원》, 다윈 지음, 송철용 옮김, 동서문화사.
60 《죄와 벌》, 도스토옙스키 지음, 김연경 옮김, 민음사.

61 《주역》, 노태준 지음, 홍신문화사.

62 《철학콘서트》, 황광우 지음, 웅진지식하우스.

63 《통치론》, 로크 지음, 강정인 · 문지영 옮김, 까치.

64 《퇴계와 고봉, 편지를 쓰다》, 김영두 지음, 소나무.

65 《파우스트》, 괴테 지음, 김재혁 옮김, 펭귄클래식코리아.

66 《파이드로스, 메논》, 플라톤 지음, 천병희 옮김, 숲.

67 《펠로폰네소스 전쟁사》, 투퀴디데스 지음, 천병희 옮김, 숲.

68 《플루타르코스 영웅전》, 플루타르코스 지음, 천병희 옮김, 숲.

69 《한 권으로 읽는 세종대왕실록》, 박영규 지음, 웅진지식하우스.

70 《햄릿》, 셰익스피어 지음, 노승희 옮김, 펭귄클래식코리아.

고전의 시작
사회과학

초판 1쇄 인쇄일 2014년 12월 29일
초판 2쇄 발행일 2015년 2월 6일

지은이 | 황광우 · 홍승기

발행인 | 박재호
편집 | 이둘숙
종이 | 세종페이퍼
인쇄 | 우진제책
출력 | ㈜상지피앤아이

발행처 | 생각학교 Thinking School
출판신고 | 제 25100-2011-321호(2011년 12월 16일)
주소 | 서울시 마포구 동교동 165-8 LG팰리스 1207호
전화 | 02-334-7932 팩스 | 02-334-7933
전자우편 | pjh7936@hanmail.net

ISBN 979-11-85035-20-8 44100
979-11-85035-17-8 (세트)

만든 사람들
기획 | 박재호
편집 | 윤정숙
디자인 | 이석운, 김미연